U0915279

魔法の質問で「コトバの力」を伸ばそう 親子で取り組む作文教室

[日] 山口拓朗 著

家长这样提问，孩子就能 提高写作能力

亲子互动直接影响作文水平

中国青年出版社
CHINA YOUTH PRESS

图书在版编目（CIP）数据

家长这样提问，孩子就能提高写作能力：亲子互动直接影响作文水平 /（日）山口拓朗著；金香兰译. —北京：中国青年出版社，2022.7

ISBN 978-7-5153-6665-4

Ⅰ.①家… Ⅱ.①山… ②金…

Ⅲ.①作文课－小学－教学参考资料 Ⅳ.①G624.243

中国版本图书馆 CIP 数据核字（2022）第083870号

Original Japanese title: OYAKO DE TORIKUMU SAKUBUN KYOSHITSU
Copyright © Takuro Yamaguchi 2020
Original Japanese edition published by JMA Management Center Inc.
Simplified Chinese translation rights arranged with JMA Management Center Inc.
through The English Agency (Japan) Ltd. and Shanghai To-Asia Culture Co., Ltd.
Simplified Chinese translation copyright © 2022 by China Youth Press
All rights reserved.

装帧・插图——野田和浩　　正文DPT——株式会社RUHIA

家长这样提问，孩子就能提高写作能力：亲子互动直接影响作文水平

作　　者：〔日〕山口拓朗
译　　者：金香兰
策划编辑：刘　吉
责任编辑：刘宇霜
美术编辑：佟雪莹
出　　版：中国青年出版社
发　　行：北京中青文文化传媒有限公司
电　　话：010-65511272 / 65516873
公司网址：www.cyb.com.cn
购书网址：zqwts.tmall.com
印　　刷：大厂回族自治县益利印刷有限公司
版　　次：2022年7月第1版
印　　次：2022年7月第1次印刷
开　　本：880 × 1230　1 / 32
字　　数：120千字
印　　张：5.5
京权图字：01-2021-3098
书　　号：ISBN 978-7-5153-6665-4
定　　价：49.00元

版权声明

未经出版人事先书面许可，对本出版物的任何部分不得以任何方式或途径复制或传播，包括但不限于复印、录制、录音，或通过任何数据库、在线信息、数字化产品或可检索的系统。

中青版图书，版权所有，盗版必究

目录

目录

第8章　可以轻松写作的9个“主题”　079

第9章　通过“假如作文”在空想的世界遨游吧　095

目录

前 言

写作是提高孩子各项能力的最强输出方式

随着写作能力的提高，能见证孩子的成长和进步。

成长和进步，只是指语文成绩方面吗？

语文成绩当然会有进步。

除了语文成绩方面的进步，不论是哪个学科，你会发现孩子变得会学习了。

为什么这么说呢？这是因为学习是通过“语言”完成的。

比如说，数学中的“加法”“分数”，还有“观察牵牛花日记”“都市探险记”“身体的各个部位”“竖笛的So音”“彩色铅笔的颜色”等，全部是用语言来表示出来的。

对词汇、文章的理解和熟练程度，会帮助孩子提高“语言能力”和“思维能力”。

另外，通过写作可以帮助孩子掌握自我表现的能力。

比如，沟通能力的提升，孩子会变得善于交际，能够与朋友建立友好的信赖关系。而且，会变成行动力超强的孩子。

随着写作能力的提高，孩子的思路会变得更加开阔，从而会持有自己的“想法”和“意见”。看到这儿，或许很多家长会提出这样的质疑：“你说的是真的吗？”我可以很明确地告诉各位家长：“这是真的。”

直截了当地说，写作文“就是写自己”。

其实，写作就是利用语言这个工具，让孩子体验思考旅行，并把孩子“真实的样子”呈现出来，仅此而已。

“真实的样子”中可包罗各种信息，如，孩子的亲身体验、知识、心情、意见、感性以及孩子的性格等。

当孩子可以把自己“真实的样子”呈现出来时，就说明孩子的potential（可能性/潜力）已发挥最大作用了。

其最大的好处应该就是“产生自信”。

通过感受写作的过程，孩子会变得越来越喜欢自己。

当一个孩子喜欢上自己的时候，他就不断地开发自己的潜力。

这本书会帮助孩子（低年级）提高写作水平，让孩子轻松、愉快地完成写作。

除此之外，这本书有助于最大限度地激发孩子的潜能，引导孩子迈向美好的人生之路。

为此，在孩子的人生中“你”要充当非常关键且不可或缺的角色。

我把本书的主题定为“亲子互动与写作”，也正是因为这个原因。

孩子会爱上写作，还是讨厌写作而半途而废，关键掌握在作为父母的“你”的手中。

你准备好了吗？

我们要开启思考之旅啦！

山口拓朗

用“魔法提问”，让孩子轻松、愉快地写作！

第1章

孩子讨厌写作的原因

为什么大多数的孩子不愿意写作文呢？为什么写起来会越来越吃力呢？

这是因为他们体会到的净是“写作之难”和“写作之苦”。

“写成这样怎么行啊！”

“你就不会用其他的写作手法吗？”

“你看人家（〇〇同学）写得多好啊，人家是怎么做到的啊？”

“你这么写，老师看了不会生气吗？”

“写得不够具体！”

“字写得再工整一点！”

当你看完孩子的作文后，是否对孩子讲过类似的话，否定过孩子？

令人遗憾的是，无论家长怎么强调，孩子的写作水平没有丝毫长进。

因为父母否定了“自己写的作品”，孩子的自信心就这样被摧毁了。

是的，摘掉孩子写作萌芽的也许就是身为父母的你。

然而，对于小学低年级学生写的作文来说，没有“好与坏之分”。只有“个性”之说。

任何人都没有权利给孩子的个性判分。

每当你对孩子说“你再写好一点”的时候，孩子的个性就会被你磨灭。

在生命中极为重要的“自我肯定感”

好不容易写好的作文，一下子被全盘否定，会给孩子造成怎样的心理伤害呢？

除了孩子的**“自我肯定感”**被打击，而且孩子会认为“我是不会写作文的失败的人类”。

这是非常可怕的状况。

孩子们还不会把“作文”和“自我”区分开来考虑，因为他们一直深信**“作文=自我”**。

一旦自己的作品被否定，孩子就会认为被否定的是自己。“自我肯定感”是指，“肯定自我的感觉”。当孩子感受到“无条件的爱”和“自我价值”时，自我肯定感是非常高的。反过来，当孩子认为“我没有任何价值”“没有人爱我”时，毋庸置疑自我肯定感是极低的。

自我肯定感是高还是低，并不是“微小差异”，而是“巨大差异”。

这个差异往往会影响孩子的余生。

自我肯定感低的人群的特征

- 对自己没有信心
- 做事被动、消极

- 遭遇一点挫折就气馁
- 无法冷静地控制自己的情绪和行动
- 只忙于自己的事情，不顾及他人
- 情绪不稳定（总是被不安和担心所困扰）
- 习惯与别人作比较，轻易低估自己，容易产生“我不行”的自卑心理
- 即使想挑战某事，却因“我肯定做不好”的心理而自暴自弃

自我肯定感高的人群的特征

- 对自己很有自信
- 做事主动、积极
- 遇到挫折不会轻易气馁
- 能够冷静地控制情绪和行动
- 富有同理心和“共情能力”（受他人欢迎）
- 情绪稳定
- 不与他人作比较（能够感受到自我价值）
- 积极且勇于挑战各种事物

自我肯定感高的孩子在写作时，通常会真实地表达自己的想法和感受，且不会（过度）在意他人的眼光。

因为，这样的孩子平时就受到了家长的认可、肯定和表扬，所以他们坚信“我想写什么就写什么”“我的写作水平是可以的”。

这种心态（从好的意义上来说）最终会变成“毫无根据的自信”。

你有没有“叱骂”过孩子

直到昨天还在地上爬行的宝宝，第一次站立起来迈出了人生第一步，作为父母的你看到蹒跚学步的宝宝一定会赞不绝口吧。

见证宝宝迈出人生第一步时，父母会抚摸着宝宝说：“宝宝走得真棒！”满脸欢喜地为宝宝鼓掌，给宝宝一个大大的拥抱。

这时的宝宝会把家长的欢呼转换成动力，尝试继续练习走路。

我想没有一位家长会对刚刚学走步的宝宝嚷嚷：“你怎么走路摇摇晃晃的啊？”“不许撅屁股蹲儿！”“再走直溜一点儿。”

然而，家长却对刚刚学步（还不清楚写作是怎么回事）的孩子大声呵斥。

在决定自我肯定感高低的重要阶段，父母竟在使用降低孩子的自我肯定感的“叱骂的话”……我想很多父母都没有意识到这一点。

我希望这样的悲剧从此不再发生。

仅凭父母的一句“应对话”，孩子可以变身为天才作家

		今	天	我	和	我	的	朋	友	一	起	玩	儿	了	。	简	直
太	无	聊	了	。													

你无意间看到了孩子写的作文，只有短短的两行字。

这时，作为家长的你会对孩子说什么呢?

不好的示范

“为什么就写这么点儿内容?”

“你觉得无聊，就不要写在作文里了!”

“就写成这样，不怕老师批评你吗?”

“学着点儿○○，看人家怎么写的，重新写!”

“想好了再写!”

“怎么说你好呢。看来你是写不好作文了。”

好的示范

“写得挺好的。”

“和朋友一起玩儿，感觉无聊了啊。”

“写得很清晰。”

“谢谢你告诉我你无聊的感受。”

“写出了你的真实想法，很棒哦。”

“字写得苍劲有力，很好。”

即使孩子只写了短短两行文字，或者不管写了什么内容，作为家长都应理解与接纳孩子的作品，表扬孩子。

无论什么时候，我们都要对孩子写的作品表示“理解与鼓励”。

如果孩子一个字都写不出来，我们该如何应对呢？

同样，我们要对孩子写不出来的心情表示理解。

“今天你已经很努力地思考了，也许明天就能写出来了呢！”

像这样，鼓励孩子继续努力坚持就可以了。

我写这本书的目的是“帮助孩子提升写作能力”。

后面会给大家具体介绍写作方面的技巧。

要使写作技巧发挥最大效果，其前提是父母必须“全盘”接受孩子的作文（孩子的存在）。

一面总是对孩子说着降低自我肯定感的话，另一面又把写作技巧强加给孩子，这种做法只能引发孩子的反抗心理，让孩子闹情绪，甚至会让孩子失去写作的兴趣。

这是孩子“讨厌写作文”的典型模式。

孩子会变得“喜欢写作&擅长写作”，还是“讨厌写作&不擅长写作”，关键在于父母（家长）。

家长们应当知道，借助写作这一“自我展示”的机会，帮助孩子提升自我肯定感是家长应尽的责任。

让孩子的写作能力突飞猛进的“魔法提问”

接下来，给大家介绍如何让孩子流畅且轻松地写出精彩的作文的方法。

这个方法可以让孩子的写作能力突飞猛进。

这个方法就是**“自问自答”**。

“自问自答”就是“自己提出问题，自己回答”。

换句话说就是“与自己对话”。

很多爸爸妈妈会很惊讶地说：“写作文时从来没有自问自答过啊？”

其实，是家长们误解了。

实际上，我们所有人都是以自问自答的形式写文章的。

		今	天	学	校	提	供	的	午	餐	里	有	汉	堡	。		

假设孩子写了这么一篇作文。

说明孩子自问过自己“今天中午吃了什么”。

正因为进行了自问自答，才写的这篇作文。

通常，自问自答会在我们的脑海中进行超高速的运行。

由此，我们可能没有意识到自己在自问自答。

反过来说，如果我们能积极且有意识地进行自问自答，那么孩子的写作能力会有很大的进步。

拿前面讲过的写汉堡的文章来说的话，如果反复进行如下的自问自答，会收集到更多的作文素材（信息）。

自问：**在学校吃的汉堡和在家里吃的汉堡有什么不同？**

自答：在学校吃的汉堡虽然分量很足，但是感觉干巴巴的。还有就是肉酱偏咸了一点。

自问：那就是不太好吃的意思喽？

自答：是的。于是我就往面包的夹层里放了几片卷心菜，没想到变成了超级美味的夹心面包！

自问：以后还想吃学校提供的汉堡吗？

自答：这——还是算了吧。我觉得妈妈给我做的汉堡是最好吃的。

仅仅进行了3次自问自答，就引出了很多有趣的写作素材。

是不是感觉这么写下来会变成很精彩的一篇作文呢？

如果想让孩子提高写作能力，就尽早帮助孩子养成“自问自答”的习惯吧。

话说回来，孩子可能对自问自答还没有清晰的理解。即使告诉孩子“用自问自答的方式写吧”，孩子可能会一脸迷茫，不知所措。

这时，爸爸妈妈就应该积极帮助孩子进行自问自答。

我建议以“亲子访谈”的形式进行自问自答。

举个例子，孩子正在为写一篇题目为《郊游》的作文发愁，家长需要和孩子演一场“亲子访谈”节目。

- 你们去哪里郊游了？
- 那边都有什么？
- 你觉得最有趣的一件事是什么？

- 有没有特别让你感动的事情？
- 有什么新的发现吗？
- 和谁一起吃的便当啊？
- 吃了什么零食啊？
- 今天发生了什么突发状况吗？
- 你怎么显得这么疲惫啊？

家长要向孩子提出诸如此类的问题。

孩子回答的过程，就是在收集作文“素材”的过程。

写作文就像做菜一样。

想做出美味佳肴，那么必须要有食材，同样的道理，想写文章就必须要有写作“素材”。

“亲子访谈”就可以帮助孩子收集到写作“素材”。

一旦“素材”到手了，就差开心地“做菜”了。

关于“亲子访谈”的形式和做菜的方法，在后文中我会做详细的介绍。

第2章

通过写作可以提升的“孩子的10种能力”

通过写作可以提升语言能力——并非仅此而已。

通过写作，可以提升孩子各方面的能力。

❶ 观察能力

通过写作，孩子开始对事物以及发生的事情进行“关注=观察”了。无论学什么，全神贯注（仔细观察）是学习的第一步。随着观察能力得到锻炼，不仅能把握事物的整体和细节，还能抓住“重点”。

❷ 理解能力

对“老师讲的话”“试卷的题意”以及与他人的沟通内容的理解、阅读理解等能力会提高。从而，学习能力和成绩方面整体都会有所提升。理解能力得到锻炼后，知识量会随之增加。随着知识量的增加，理解能力被强化，理解速度也会变得更快。

❸ 逻辑思考能力

“逻辑思考能力”是指，有条有理且清晰地思考的能力。随着逻辑思考能力的增强，除了看清事物本质的能力得到磨炼之外，也可以帮助提升沟通和写作时的说服力。另外，识别依据和原因的能力也会得到加强，从而会提升“判断能力”和“决策能力”。

❹ 思考能力

思维会变得敏捷。除了可以从多个视角思考问题以外，还可以灵活切换“抽象”与“灵活”的概念，可以更加轻松地表达自己的意见。因为孩子具备可以从脑中提取各种信息的能力了，那么他的“创造力”“管控危机能力”“解决问题能力”也会提升。

⑤ 表达能力

可以准确地将自己掌握的信息、心情表达出来。沟通能力的加强，使得孩子在上课时回答问题的水平和笔试时的表述水平都会有所提升。随着表达能力的提升，孩子会擅长研讨和辩论。

⑥ 表现能力

在能够表达自己的“心情”和“想法”的同时，“表现自我”的能力也会随之提升。表现能力一旦提升，其个性化和独创性也会开始闪闪发光。从而，会变成一个备受关注和有人气的孩子。

❼ 自我认知能力

能够客观了解自己的“心情”“想法”及价值观等，从而，变得可以控制自己的情绪和行动。不受环境及周边的影响，更容易建立自己的“重心”和“不可动摇的中心轴”。

❽ 分析能力

孩子在整理信息，相互比较，积累、混合、切分或删减的过程中分析事物（信息）的能力会有提高。当孩子的分析能力提高时，他们的选择会更加准确，变得更有想法。

❾ 共感力

通过反复面对自己的过程，或者通过关注自己以外的人或事物，能与他人产生共鸣是不言而喻的，与动物、植物、事物、自然等万物产生共感的能力会有很大提升。

❿ 行动力

行动力是人类生命活动中极其重要的能力。其实，“写作”本身就是行动力的产物。前面讲到的❶~❾的所有的能力是来支撑这个“行动力”的。一个人“有行动力/缺乏行动力”，对于这个人的余生来说是非常关键的一个问题。

写作是灵活运用“收集信息→筛选信息→排列信息→传达信息”的过程。这个过程囊括了很多可以提高❶~❿的能力的精华。

懂得不断提升自己的写作能力的孩子，终究会获得一种称为“自信”的宝藏。

这些孩子不仅可以意识到自己的❶~❿的能力提升，获得父母、老师、同学以及他人的好评和表扬的机会也会变得越来越多。

通过上述内容，我们可以了解到，写作的好处不单是提高语文成绩这么简单。写作可以帮助孩子提高未来参与社会生活需具备的各种能力，助力孩子成为优秀的大人物。

专栏 1

鼓励孩子真实写作

写作时，必须写“准确的”或者是“正确答案”——一旦给孩子灌输这种观念，那么孩子就会陷入无法如实表达自己的想法和意见的状况，或者是搞不清自己的想法和意见的不良状态中……

相比“正确”，更重要的是“坦率”。

也就是说“坦率=真实”。

举个例子，当孩子读了桃太郎的故事后，会有这样的感想：“被桃太郎突然袭击的魔鬼有点可怜啊……”“魔鬼之所以偷宝藏，应该有他的理由吧。”孩子的这种想法是没有任何问题的。相反，这种感想中充满着孩子的“想象力”，我认为是非常优秀的观点。

当孩子说真话、抒真情的时候，才可以写出充满魅力的作文。

第3章

如果没有食材（素材），就做不出美味佳肴（文章）

在第1章里我们介绍过，写作如同做菜，写作是离不开“素材”的。

其实，孩子的头脑中存储着大量的写作“素材”。

但是，对于大部分孩子来说，从脑中提取素材是很难的一件事情。

这是因为，他们还不知道具体的提取方法。

提取素材的方法其实很简单，就是**“自问自答”**。

自问自答就是指，“给自己提出问题，并回答问题”，也是在强调某种观点。

❶ 给自己提出问题。

❷ 针对提出的问题做出回答。

只要重复这两个步骤，就会发现写作文其实是非常轻松的一件事情。

只要回答“为什么”，就能写出好文章吗

即使孩子不会自问自答，只要有人给他提出问题，他的大脑就会想方设法回答问题。

假设你提出“你的班主任老师是怎样的一位老师啊”的问题，那么孩子（孩子的大脑）就会思考回答的内容。

“我的班主任老师平时特别温柔，但是她生气的时候就会变成一个大猩猩。”

“我特别喜欢上班主任老师的课。希望老师继续给我们制作四格漫画的学习资料。”

“我的班主任老师就像一位美丽的公主。她穿的每一件衣服都特别可爱。”

像这样，只要孩子能回答出问题，就说明孩子已经在写作文的路上了。

人的大脑中会产生暧昧又模糊不清的“幻想”。

用语言表达出来，就是将“幻想”转变成“构思（信息）”的一个重要过程。

通过回答问题的过程（将幻想转变成构思），孩子会体会到自己的感受，并能发表自己的见解。

而且，通过重复几遍自问自答，会收集到更多的写作素材。

与此同时，孩子的“思考能力”和“语言运用能力”也会逐步得

到锻炼。

推荐可以培养孩子写作能力的“亲子访谈”

自问自答本来是需要自己独立完成的事情。

但是，如果孩子尚处在幼小年龄阶段，那么就需要家长适当引导了。

给孩子提出问题时的注意事项也给家长朋友们准备好了。

❶ 首先，随意提出各种各样的问题。

❷ 孩子的回答内容中若浮现出其“个性”时，继续提出可以挖掘其“个性”的问题。

当孩子回答问题时，如果眼睛闪闪发光、声音变大、身体前倾，这说明开始显现他的“个性”了。

如果家长从孩子身上发现这些细节，为了让孩子的“个性”更加发光夺目，请家长继续提出深度挖掘孩子“个性”的问题吧。

增加“亲子访谈”的量，孩子的写作能力进步得会更快。

这是因为，当孩子习惯了“接受提问→回答问题”的过程，他们的思路变得非常畅通。

也就是说，做到了**“表达=输出”**。

只要是自己能讲出来的，就能照样写下来，但是讲不出来的东西（没有考虑过的东西），写起来是比较吃力的，甚至是写不出来的。

通过“亲子访谈”的形式，让孩子进行大量的输出，也是帮助孩子丰富写作素材的过程。

在日常生活中，父母经常与孩子互动，对孩子的心理健康是有好处的。

孩子对父母是不是关心自己这个问题是非常敏感的。

父母平时与孩子互动的频率越高，孩子获得的安全感会越多。

反之，几乎没有与父母互动的孩子，大多数是缺乏安全感的。

“亲子访谈”的真正意义在于激活父母与孩子之间的沟通，增进父母与孩子之间的“情感”交流。

“亲子访谈”时的三个注意事项

❶ 不要“责问”

“亲子访谈”时，有三个注意事项。

即“不要责问”“不要诱导性地提问”“不要否定孩子的回答”。

“责问”就是用责备的口气严厉地质问。

“亲子访谈”的目的并不是让家长去斥责孩子或者是插嘴打断孩子的发言。而是，希望家长通过愉悦的沟通，帮孩子找到“身心体会”和“想法”。

针对孩子的人格形成和心理健康，这种行为是非常危险的。

进行“亲子访谈”的前提是，给孩子创造安心的“吐露真话”的环境。

另外，在亲子访谈的过程中，也不要自始至终向孩子提出问题，偶尔也需要插入父母的意见和亲身经历，比如，“听你这么一说，妈妈小时候也不喜欢玩赛跑游戏呢”。像这样，采访的氛围会更加活跃。

② 不要“诱导性地提问”

与责问同样，“诱导性的提问”也是万万不可的。

比如，“今天的接力赛输掉了真是太可惜了，对吧”，这就是很明显的诱导性的提问。

孩子本人可能并不认为“可惜”。

而且，还可能让孩子误解为“输掉接力赛就是一件很可惜的事情”。

这种诱导性的提问反而会阻止孩子的思考。

因此，在进行“亲子访谈”时，家长朋友们一定要意识到诱导性提问的危害。

诱导出来的回答往往不是孩子的“真实想法”和“意见”。

可想而知，用这样的素材写作，孩子会开心吗？他们能体会到写作的乐趣吗？

另外，如果父母过分急于完成“亲子访谈”，则很容易变成诱导性提问。

“亲子访谈”是和孩子面对面沟通的重要时刻。

家长朋友们要学会不着急、不催促，耐心地关注孩子的“思考、回答的过程”。

❸ 不要“否定孩子的回答”

孩子做出回答后，父母（提问者）的反应是极其重要的。

进行“亲子访谈”时，对于孩子做出的回应，家长不要做出否定，不要纠结对错，而是要摆出100%接受的姿态。

举个例子，爸爸问：“接力比赛时，你被对手赶超时是什么想法啊？”孩子回答道：“我很开心。”

爸爸否定道：“你这孩子，被赶超了还能开心？”或者是大声呵斥道：“开什么玩笑！”

当孩子意识到不能说实话时，他们会想“再也不跟你们实话实说了”。

无论孩子做出怎样的回答，父母应该采取的态度是“接受”。

无论孩子的回答是怎样的，作为父母都要做到倾听和接受。

对于孩子来说，没有比这个更安心、欢喜的事情了。

只要家长摆出“你说什么爸爸妈妈都会接受”的姿态，那么孩子会自然而然地保持良好的心态去跟父母聊天。

随着孩子的自我肯定感变强，可以安心且自信地应对各种事情。

回顾一下前面讲到的接力赛被赶超的场景，孩子说出的“很开心”不就是他本人的“真实感受”嘛。

本以为大多数的孩子都会说“真可惜”“太伤心”的场景，这个孩子为什么会觉得“很开心”呢？其背后隐藏着怎样的心情和真实的故事呢？如果能循循善诱地引导孩子，一定会写出非常有趣的作文。

即使孩子言语逞强，也要把逞强理解为他的“优点”。

在“亲子访谈”中，要体现出父母的宽容和足够大的气量。

不，可以说“亲子访谈”就是父母学会宽容和大度的机会。

当孩子通过“亲子访谈”，确信“原来我和别人不同，我有与众不同的优点”时，他肯定能写出富有魅力的作文。

针对“不太清楚”的应对法

当孩子表示“嗯——不太清楚”的时候，不要采取“你没有动脑子！”“再好好回答！”这种回应方式。

对于孩子来说，根本就没有太在意“在接力赛中被赶超”这件事情，也没有觉得多么重要。

这时，家长要通过“亲子访谈”挖掘孩子的兴趣，找到他所关心的事情。这才是重点。

当孩子的回答不明朗，毫无面部表情时，说明此处可能没有什么线索。

这时就应该变通一下提问方式，继续耐心地找出线索。

当然，孩子回答“这个嘛——不太清楚”，认为自己“难以用语言表达”时，家长要及时向孩子伸出援助之手。

“比如说，可惜、伤心、不好意思、开心，这些都是表示情感的词，对不对？小拓，你当时是什么样的感受呢？”用类似于这样的提问方式（要规避责问和诱导性提问），给孩子提供“情感的选项”。

还有一种情况，孩子在接力赛被赶超时，也许会有特殊的想法，为了掩盖“真话”和“害羞之情”会敷衍道：“这个嘛——不太清楚。”当家长判断是这种情形时应该如何应对呢？

应对方法就是，对孩子“不太清楚”的表态表示“理解”就可以了。

我还是要再强调一下，“亲子访谈”的目的是给孩子创造安全感，因为这一点真的很重要。

家长一定要坚持不懈地帮助孩子创造良好的氛围。

也就是说，父母要坚持保持“接纳孩子一切的姿态”。

父母的评判是导致孩子“讨厌写作”的间接原因

针对父母的提问，孩子的回答可能是这样的：

“我一点都不喜欢运动会！我讨厌运动，也不愿意跑接力！”

这是一个非常坦率、有力的回答啊。

孩子的“个性”是不是显得很耀眼呢。

家长可以问问孩子为什么不喜欢运动会。

这样下来，一定会写出非常有趣的作文。

还是那句话，请家长不要对孩子的回答做出对或错的评判。

请尊重孩子说出的每一句话。

父母最糟糕的回应是“运动会多有意思啊”“你要想办法喜欢上运动会啊”等。

父母的这种回应，会让孩子觉得你在否定他或拒绝听取他的想法。

父母和孩子是独立的个体。

即使孩子的回答不是家长所预想或期待的回答，也没有任何问题。

这就是孩子的“真实感受”。

只要家长接纳孩子的“感受”，孩子的自我肯定感就会上升，也会增加他的自信。

当然，将来会在孩子的作文中发现这个变化。

“进攻和防守交替”，反过来接受孩子的采访

为了帮助孩子提高自问自答的能力，鼓励孩子体验“提出问题”，从中积累经验。

每次家长采访完孩子之后，反过来接受一下孩子的采访。

下面给大家介绍几个采访主题：

“关于爸爸（妈妈）的兴趣爱好”

“关于爸爸（妈妈）小时候的故事”

“关于爸爸（妈妈）的工作”

“关于爸爸（妈妈）不擅长的○○”

“关于妈妈和爸爸的相识”

“什么时候”“在哪里”“和谁”“契机是什么”“然后呢”“怎么做到的”“多长时间”等，通过不同的方式提出问题，可以锻炼孩子的提问能力。

当然，采访期间，父母不能说出“小孩子不要随便问大人的事情”这样的没有风趣的话。

不要以“我拒绝回答”的态度逃避。

这是培养孩子能力的重要练习。

不要忘了，孩子在注视着家长回答问题时的态度。

如果希望孩子坦率，那么请家长先做出好的表率。

通过采访爸爸妈妈，孩子的提问（自问）能力会得到很好的锻炼。

平时多与孩子沟通，创造有利于提问、回答的环境，是提高孩子自问自答能力的最好方法。

愉快地完成“亲子访谈”

当孩子必须写一篇有关运动会的作文时，应该进行怎样的采访呢。

下面是采访时可以用到的几个提问的例子。

- 今天的运动会，你觉得哪个项目最好玩？
- 今天的运动会，有让你开心的事情发生吗？
- 今天的运动会，发生了让你遗憾的事了吗？
- 今天的运动会，发生了什么让你感动的事了吗？
- 接力赛时，你超越前面的选手的时候有什么感想？
- 红队获得了第一名，祝贺你们！从一开始就有夺冠的自信吗？
- 红队获得了第一名，祝贺你们！红队怎么会那么厉害啊？
- 红队没能夺得冠军，你现在是什么心情啊？
- 红队没能夺得冠军，你认为和得冠军的青队的差距在哪里？
- 对战项目是不是特别好看。助威时你是什么感受啊？
- 这次运动会，你会给自己打几分？

当然，通过采访引导出特别的、有趣的回答，或者是体现孩子“个性”的回答，这是非常值得关注的点。

为了从孩子的回答中提取更有价值的信息，父母要继续提出可以挖掘孩子特质的问题。

如何让孩子滔滔不绝地跟你谈心，就要看采访者的本事了。

第4章

家长要磨炼向孩子提出问题的能力

有些家长会说："其实很想用亲子访谈的形式跟孩子沟通，但是不知道该问什么问题啊。"为了帮家长消除这种困扰，下面就介绍几种问法，供需要的家长参考。

可用于"亲子访谈"的10个问题

❶ 什么时候?

几点? /到几点? /大概什么时候?

❷ 在哪里?

地点? /目的地?

❸ 谁?

那个人是谁? /是哪位老师? /班长是谁? /都有谁?

❹ 被谁?

被谁说了? /被谁表扬了? /交给谁了?

❺ 什么?

那是什么? /干什么了? /用什么了? /收到什么了? /想到什么了? /什么话题? /什么游戏?

❻ 哪一个?

喜欢哪一个? /想吃哪一个? /想去哪一边? /选哪一个?

❼ 为什么?

为什么哭了? /为什么讨厌呢? /为什么这么认为呢? /为什么会那

么想呢？/为什么害怕呢？

⑧ 怎样？

想怎么做？/怎样的做法？/怎样的状态？/怎样的样子？/怎样的氛围？

⑨ 多少？

多少数量？/多少时间？/多少人？/多快的速度？/吃了多少？

⑩ 多少钱？

多少钱？/要多少零花钱？

能让孩子兴奋起来的“五感提问”

⑪ 视觉

看到什么了？/什么样的景色？/什么形状？/脸长什么样？/什么样子的？

⑫ 听觉

听到什么了？/怎样的响声？/怎样的声音？/怎样的叫声？/什么样的音乐？

⑬ 嗅觉

怎样的气味？/什么样的香味？/到底是什么气味？/闻到味儿了吗？

⑭ 味觉

什么样的味道？/好吃吗？/有多好吃？/辣吗？/甜吗？/咸吗？/酸吗？/苦吗？

⑮ 触觉

什么感觉？/怎样的疼痛感？/痒到什么程度？/坐着舒服吗？/怎样的口感？/有嚼劲吗？

▶▶▶ 关于“五感”的写法，将在第12章做详细介绍。

● “假设问题”会让想象力变得越来越丰富

⑯ 假设

假如能实现一个梦想？/假如生活在另一个星球？/假如不是真的？/假如只能选择一个的话？

▶▶▶ 关于“假设”的写法，将在第9章中做详细介绍。

①~⑯中，希望家长多利用的是⑦，多提问“为什么”。

作文中写着清晰的理由和依据的话，会使文章更具说服力。

如果在文章中清晰地描述了针对“为什么”的回答，我们就能从文章中获取到“孩子在思考些什么”“孩子是如何看待这个事情的”等信息。

你会发现这个世界充满着不可思议的谜团。

当孩子带着“为什么”思考问题时，也就意味着孩子已经带着好奇心步入不可思议的世界了。

也许偶尔会自问“为什么我会这么想”，接着尝试再去深入了解自己尚未弄清楚的“自我感觉”。

带着“为什么”思考问题，是让自己丰富知识的过程，也是对自己和事物进行深入了解的过程。

专栏❷

可以使用任何词汇

父母希望孩子在写作文时使用“唯美”且“正确”的语言，这点非常理解。

但是，写作文时如果过度限制词汇的使用规则的话，反而会起到反作用。

“臭小子——你给我等着！”

“畜生，气死我了！”

当孩子使用这种表达方式发泄时，家长如果只是制止：“不许说脏话”，那就是太不理解孩子的心了！“臭小子——”“气死我了！”这正是孩子真实的心声啊。

孩子平时会把很多心事憋在心里。孩子写的那篇作文或许就是心中无声的呐喊。

作为父母应表示对孩子的理解，让孩子感受到“治愈心灵”和“被爱”的真实感受。

第 5 章

构建逻辑性思考的魔法模板的使用秘诀

建议利用“作文模板”

你是不是希望写作文也像做菜一样有“做菜的步骤（写作顺序）”呢？

这就给你们介绍**“作文模板”**。

“作文模板”是体现写作流程（顺序）的向导。

只要随着向导，文章就能轻松地完成了。

对于低年级的学生来说，其实是不需要模板的。

他们凭自己的自由想象，自由写作，非常享受写作的乐趣。

但是，对于那些初学写作文、讨厌写作文的孩子来说，越是跟他们说“想写什么就写什么”，他们就越不知道该写什么。

有一个解决方法就是给孩子提供“作文模板”。其中最适合低年级学生用的模板是“主题型模板”。

这个模板非常简单，按照**“主题→理由→未来”**的顺序写下来就可以。

通过把主题写在最前面，有助于抓住文章主干。

使用这个模板时，有一个技巧非常重要。那就是**“就写一条主题”**。

假设作文的题目是“我喜欢的东西（事情）”，然后写的是“我特别喜欢吃东西、睡觉、玩儿”。如果列举这么多，后面的内容写起来会很困难。

对于读者来说，相比三个主题，更容易接受一个主题，因为一个主题更有利于记忆且印象深刻。

如果孩子是因为要写的内容过多（导致思维混乱）而写不下去的话，家长可以给孩子一个建议：“你不要想那么多，先写一个内容看看。”

以下内容是“主题型模板”的基本内容。

题目1：我喜欢的东西（事情）

❶ 主题：我喜欢＿＿＿＿＿＿。

❷ 理由：因为［　　　　　　］。

❸ 未来：这次/将来/下次，我想［　　　　　　］。

以上是填空的例子。

❶ 主题：我喜欢［跑步］。

❷ 理由：因为［我喜欢出汗的感觉］。

❸ 未来：我想［在下次运动会的接力赛中拿第一名］。

如果孩子完成填空有困难，那么家长通过“亲子访谈”的形式给予帮助吧。

提问1：为了提取主题而提出的问题

→例：太郎喜欢的东西（事情）是什么？

提问2：为了找出理由而提出的问题

→例：为什么喜欢跑步呢？

提问3：为了展望未来而提出的问题

→例：你这么喜欢跑步，将来的梦想是什么呢？

其中“❸未来”里要写的内容，可以结合作文的题目或孩子写的作文内容稍微编辑一下就可以了。

● 题目2：我想去○○！

提问例子1：你想去的地方是？【主题】

提问例子2：为什么想去那里呢？【理由】

提问例子3：去那里想做什么呢？【未来】

❶ 主题：我想去 迪士尼市 。

❷ 理由：因为去那里 可以见到达菲熊 。

❸ 未来：我要是见到了达菲熊， 就抱着达菲熊合影 。

题目3：我讨厌○○！

提问例子1：你最讨厌的东西是什么？【主题】

提问例子2：为什么？【理由】

提问例子3：你想怎么打败讨厌的东西？【未来】

❶ 主题：我特别讨厌 蟑螂 。

❷ 理由：因为 蟑螂长得太恶心，而且它会突然出现 。

❸ 未来：如果再被我发现， 我会让妈妈用杀虫剂喷它 。

题目4：我的梦想

提问例子1：你未来的梦想是什么？【主题】

提问例子2：为什么会有那个梦想呢？【理由】

提问例子3：假如梦想实现了，你想做什么？【未来】

❶ 主题：我未来的梦想是 当一名医生 。

❷ 理由：因为 我想帮助受伤的患者和因疾病痛苦的病人 。

❸ 未来：假如我成为一名医生， 我努力成为全日本医术第一的医生，给病人治病 。

题目5：假如我变身为○○

提问例子1：你想变身为什么？【主题】

提问例子2：你为什么想变身？【理由】

提问例子3：假如你变身为○○，你想做什么？【未来】

① 主题：我想变身为 公主 。

② 理由：因为 公主能一直穿着漂亮的礼服，戴着金光闪闪的宝石，一直都很可爱 。

③ 未来： 不管怎么样，我想和王子一起住在山上的城堡里 。

题目6：我的大失败经历

提问例子1：你经历过怎么样的大失败？【主题】

提问例子2：你认为导致那场失败的原因是什么？【理由】

提问例子3：如果不想重复失败，应该怎么做呢？【未来】

① 主题：今天， 我把作业本落在家里了 。

② 理由：因为 昨天写完作业后，没有及时把作业本放书包里 。

③ 未来：以后， 我写完作业就把作业本放书包里。然后，早上我出门时，我再重新确认一遍是不是确实放书包里了 。

像这样，利用简便的模板就可以帮助作文初学者和讨厌写作文的孩子轻松写作文了。

通过完成有趣的填空题，可以帮助孩子消除对写作文的不安心理。

可以列举多个理由

“主题型模板”中，如果有多个“❷理由”，可以全部写出来。

这样不仅可以丰富作文的内容，还可以增加说服力。

按照下面的模板，追加“❷理由”的空间和个数就可以了。

题目：“我喜欢的东西”

❶ 主题：我特别喜欢［　　　　　　］。

❷ 理由：列举两个/三个理由。

理由1：第一个理由是［　　　　　　］。

理由2：第二个理由是［　　　　　　］。

理由3：第三个理由是［　　　　　　］。

❸ 未来：这次/将来/在下次〇〇的时候，我想［　　　　　　］。

下面是列举三个理由时的作文示例。

题目：“我喜欢的东西”

❶ 主题：我特别喜欢［跑步］。

❷ 理由：一共有三个理由。

理由1：第一个理由是 我喜欢大汗淋漓的感觉 。

理由2：第二个理由是 每次赛跑我都能赢我的伙伴 。

理由3：第三个理由是 上体育课时，每次都能得到老师的表扬 。

③ 未来：这次/将来/在下次○○的时候，我想 在下次运动会的接力赛中跑第一名 。

相比单一的理由，列举多个理由，更能体现“喜欢跑步”的心情。

当孩子完成这篇作文时，家长要鼓励孩子说：“原来你这么喜欢跑步呢！”“一下子讲出了三个理由，真棒！”“下次的接力赛中一定要得第一名哦。”

当家长无条件地接纳（感叹！）孩子写的作文时，孩子会越来越善于表达自己的“心情”和“想法”，而且会变得越来越自信。

前面提到可以列举“多个理由”，那么到底需要列多少个理由呢？

最理想的个数是控制在两到三个。

如果列出四五个理由的话，可能会超出读者的可接受程度。

如果有这种情况，可以按照先后优先顺序，选出前三个理由就可以了。

感觉写不好时，就写“为什么写不出来”

有些孩子可能不会使用模板。这时，家长也不要责怪孩子。

因为这不代表他们从来没考虑过“我喜欢的东西”或“我的梦

想”是什么。

这种情况，就让孩子写“为什么写不出来”就可以了。或许也会写成一篇好作文呢。

题目：我将来的梦想

1. 主题：我 不知道将来我会做什么 。
2. 理由： 工作的种类实在是太多了，我不知道我应该选择哪一个。有时我想当一名足球运动员，有时我想成为一名飞行员，有时觉得当一名老师也很好 。
3. 未来： 我想一边努力学习，一边决定我的梦想 。

使用作文模板的好处是，不需要孩子从零开始思索，而是通过“填空游戏”的形式让孩子完成写作。

有的家长会认为“这个模板大人也能用得上呢”。

是的，实际上对于大人来说，这个模板也是非常适用的。

大人也不妨用模板和孩子一起写作文看看呢。

请记住，孩子是看着父母的背影长大的。

专栏 ③

不得不出示黄牌警告的情况

假设孩子在作文中写道："太郎君太卑鄙了，去死吧。"

遇到这种情况，你会如何处理呢？

"太郎君做出卑鄙的事情了啊，我很理解你现在的心情。"

像这样，先不要做出任何评价，要摆出理解孩子的姿态。

稍等片刻再向孩子提问："如果有同学同样在作文里写出'你去死吧'，你会是什么感受呢？"

发生这种情况时，家长也不应该用"责问"和"诱导性的提问"的方式。

"如果有同学在背后这么说你的话，妈妈会很伤心的。"

像这样，家长要耐心地与孩子沟通，和孩子共同思考应如何正确使用语言表达情感。

一旦发现孩子使用了触及黄牌警告的表达时，家长要及时与孩子进行心灵交流。

这就是写作过程中的"情感教育"。

第6章

若想使文章形象丰满，就在“理由”的后面加“具体事例”

试着加入“具体事例”吧

对写作模板运用自如了，就会产生想写长篇文章的欲望。

这时，在“❷理由”的后面加上**“具体事例”**就可以了。

具体事例有丰富多样的模式。

比如说，自己的体验谈，哥哥姐姐、好朋友或者是老师的故事等，这些都算是具体事例。

举一个前面讲过的题目为“我将来的梦想”的作文例子。

❶ 主题：我未来的梦想是 当一名医生 。

❷ 理由：因为 我想帮助受伤的患者和因疾病痛苦的病人 。

具体事例： ____________ 。

❸ 未来：假如我成为一名医生， 我努力成为全日本医术第一的医生，给病人治病 。

在说明理由之后，试着加上具体事例（作者的体验谈）。

自己的体验谈

一年前，我因为一次40℃的高烧差点没了命。那时头痛欲裂，我以为脑袋是不是就这样炸掉了。那天晚上，难受得一宿没睡着。

第二天，妈妈带我去了医院，被诊断为流行性感冒。医生亲

切地对我说："好好吃药就会好起来的。"

回家后，我乖乖地喝了药。过一会儿，我的烧退了，头痛也消失了，我高兴极了。

通过这件事情，我觉得医生就像一个魔法师，简直太神奇了！太酷了！

这个孩子举了一个患流行感冒的经历。

如果自己没有生病或受伤的亲身经历，试着想一下别人是否有过类似的经历。

比如，"医生把奶奶的病治好了""体检机构的医生特别亲善""电视剧里看到的医生的医术高明"等印象深刻的经历都可以用作写作素材。

通过加入具体事例，不仅能充实文章的内容，而且富有画面感，容易与读者产生共鸣。

"体验谈=事实"的引用是非常重要的。

因为，这样可以真实地展现孩子的"所思所想"。

自由思考之旅的"关键词扩充战略"

说到底，写作模板就是为了写作熟练而准备的练习模板。

对于低年级孩子写的作文，不能要求正确答案或者是准确性。

另外，不必要求低年级的孩子写出社会人经常写的汇报书一样的严谨且完整的文章。

孩子能自由发挥想象，在稿纸上展示自己的“特点”，这一点非常重要。

　　星期日的夜晚，我和爸爸去了夜市。在夜市买的棉花糖好吃极了。我仰望天空，圆圆的月亮散发出一丝光亮。

这是孩子自由发挥想象写出来的作文……但是，写到这里不知道后面该怎么写下去了。

遇到这种情况，正是孩子的想象力、妄想力、联想力发挥作用的时刻。

启动**“关键词扩充战略”**，开启这些能力的开关。

其实，这篇文章里隐藏着很多值得扩充的关键词。

比如，“星期日”“夜晚”“爸爸”“棉花糖”“好吃”“天空”“圆圆的月亮”等都是关键词。

是不是任何一个词都值得扩充呢。

家长尽管以提问的方式引导孩子就可以了。

• 星期天

▶ **星期天和平日有什么不一样呢？到了星期天会有怎样的心情？**

“是呢，是呢，说起星期天……”像这样可以唤起关于星期天的回忆。

• 夜晚

▶ **平时的晚上也会出门吗？晚上为什么是黑的呢？提起夜晚会想到什么事情？**

针对一个大主题，每个人的想法和思想都是不一样的。有的孩子会写：“晚上因为太黑，所以不是很喜欢夜晚。但是有夜市的夜晚实在是太好玩儿了！”而还有的孩子会写：“我认为老天想让人类休息，故意把晚上变成黑色的。”像这样，让孩子发挥想象力，主动说出自己的见解。是不是感觉能写出富有哲学意义的文章呢。

• 爸爸

▶ **爸爸是什么样的人呢？**

会联想到爸爸给人的第一印象、性格、兴趣爱好、在家里的样子等，是不是能联想到好多。还有爸爸说过的“令我开心的话”或是“令我伤感的话”，也可以把注意力放在过去的回忆中。

• 棉花糖

▶ **棉花糖是由什么做成的呢？棉花糖为什么是黏糊糊的？吃棉花糖的时候是什么心情呢？棉花糖的形状像什么呢？**

正因为不是经常能吃到的“零食”，各种想象/妄想会不由自主地膨胀起来。

• 好吃极了

▶ **好吃的理由仅仅是味道方面的吗？**

像这样，提出一些能帮助孩子拓展思维的问题。“是不是因为边逛边吃的原因呢！”“是不是因为爸爸特意排长队买到的原因呢？”“有可能是穿着和服吃的原因。”通过这种互动，或许会使孩子的“个性”和“价值观”浮现出来。

• 天空

▶ **平时你会抬头看天空吗？夜空中都能看到什么？天空的那一端会有什么呢？白天的天空和夜晚的天空有什么不一样呢？**

“夜晚”同样也是一个大主题。也许会收获意想不到的“想法”或崭新的“观点”。“不管何时，我一定要找到UFO。所以，我经常会看天空！”这样的作文也很令人激动呢。

• 圆圆的月亮

▶ **为什么月亮的形状每天都不一样呢？月亮到底是由什么构成的呢？你喜欢什么形状的月亮呢？看不到月亮的晚上，月亮去哪里了呢？月亮是谁造出来的？谁会住在月亮上呢？**

月亮是真实存在的东西，却隐藏着浪漫和神秘感。会发现有层出不穷的观点和想象。

像这样，如果进行亲子访谈或自问自答，这世界上就不存在写不出来的文章了。

意识到题目的重要性虽然很重要，比这个更重要的是让孩子享受思考之旅。

第7章

通过魔法提问写名著读后感吧

“读后感”是孩子们不擅长写作的作文形式之一。

对于不擅长写作文的孩子来说，写作文已经是很令人头疼的事情了，还要读书。

对他们来说，这简直就是双重打击……非常痛苦的。

这时，家长就要做好当孩子的写作助手的准备了。

没有指定读后感题目时，家长可以让孩子自行选择自己喜欢读的书。

如果家长想单方面地让孩子读所谓的高大上的书籍，那么孩子的“不想读书的开关”会自动开启。

选书好比我们在饭店点菜。

如果是自己特别喜欢的菜，当然会吃得很开心。反过来，如果是自己不喜欢的菜，那么一定非常郁闷，一点食欲都没有。

要选就要选择“哇——好有食欲啊!（哇——感觉很好玩儿呢！)”，像这样能使自己兴奋起来的事物。

读后感的“故事梗概”写几行就足够了

读后感要写出阅读后的感想，并不是总结书的内容。要告诉孩子“书的‘故事梗概’只要写几行就足够了”。

下面是《读桃太郎之感》的“故事梗概”示例。

略短

书的主人公桃太郎是从桃子里诞生的。桃太郎在爷爷奶奶的养育下，长得非常健壮。桃太郎和小狗、小猴还有野鸡成为好朋友，他们决定一起打大魔鬼。他们与大魔鬼展开了激烈的对战，最终还是勇猛地击败了大魔鬼。桃太郎从大魔鬼手中成功夺取了宝物，回到了村庄。从此，桃太郎和爷爷奶奶过上了幸福的生活。

极短

从桃子里诞生的桃太郎和他的伙伴们一起打大魔鬼，这是一个惊心动魄的冒险故事。

啰里啰唆地写满将近1页的“故事梗概”，除了会让读者读起来费劲以外，还会破坏读者的阅读兴趣。

其实，“故事梗概”和“感想”是完全不同的两个概念。

家长在引导孩子写读后感时，给孩子提供篇幅上的建议。比如，我们试试“用3行总结故事梗概吧”。这样的话，孩子会想方设法做到简明扼要。

写读后感时可用到的10个问题

虽然读了一遍，却不知道该写什么、怎么写……

这时，“亲子访谈”会发挥巨大作用。

为了帮助孩子写成精彩的读后感，尽管提问吧。

下面列举了几个写读后感时可以用到的问题。

提问①：你为什么选择了这本书呢？

提问②：用简短的话概括一下这本书的“故事梗概”吧。

提问③：用一句话谈一谈你对这本书的感想（想法）。

提问④：（结合③的回答）为什么会有这种想法呢？

提问⑤：这本书里你觉得哪个场景（对话）最吸引你呢？

提问⑥：为什么你会喜欢那个场景（对话）呢？

提问⑦：你觉得你和主人公的相同点（不同点）是什么？

提问⑧：假设你是主人公，你会怎么做呢？

提问⑨：你想如何活用从这本书中学到的知识？

提问⑩：你想把这本书推荐给什么样的朋友呢？

针对以上问题，孩子做出的回答，就可以当作读后感的写作素材了。

下面是一篇读后感示例。

“哇——有一个人从桃子里蹦出来啦。”

我在书店翻看这本书的时候，忍不住叫出了声。

因为我看到了从桃子里蹦出来一个人的插图，觉得太好玩儿了。所以，就决定读这本书。【提问①的回答】

主人公是从桃子里诞生的桃太郎。在爷爷奶奶的养育下，桃太郎长得非常强壮。桃太郎和小狗、猴子和野鸡做好朋友，他们决定一起去魔鬼岛击败大魔鬼。【提问②的回答】

我觉得“桃太郎真的是太聪明了”！【提问③的回答】如果桃太郎自己去打败大魔鬼，肯定必输无疑。【提问④的回答】

在与大魔鬼对战的场景中，小狗咬住了大魔鬼，猴子用尖尖的指甲挠大魔鬼的身子，野鸡负责啄大魔鬼的眼睛，桃太郎则狠

狠地把大魔鬼摔到地上。这是团队合作取得了胜利。【提问❺的回答】

这就像我们班集体中的班级委员会一样。爱干净的学生担任“卫生委员”，书法好的学生担任“宣传委员”负责制作黑板报，性格开朗的学生担任“文艺委员”，喜欢小动物的学生担任“饲养委员”。正因为每个负责人都发挥着自己的爱好和特长，所以才能使班级成为团结友爱的班集体。桃太郎给我们讲述了“一个团队”的故事。【提问❻的回答】

如果我是桃太郎的话，我可能一个人去魔鬼岛，跟大魔鬼单打独斗……然后就是输得很惨。【提问❼❽的回答】通过这个故事，我懂得了只凭自己的力量达不到某种目的时，就要向伙伴“求助”。另外，我也想成为像桃太郎一样勇敢坚强的人。【提问❾的回答】

这本书让我知道了伙伴的重要性。我想把这本书推荐给“因没有朋友而烦恼”的同学。【提问❿的回答】

只要把❶~❿的回答内容作为写作素材利用好，也会成为一篇值得阅读的读后感。

当然，除了❶~❿的提问内容以外，爸爸妈妈提出更多的问题也是完全可以的。

另外，家长在提问的过程中发现了孩子的“闪光点”，那就继续提出更深入的问题吧。

这是最常见的一篇读后感。在写读后感时，可以适当脱离故事主线，大胆地提出质疑，如“人类真的会从桃子里出生吗”；可以与其他人物作比较，如“相比桃太郎，路飞一定更厉害”；可以替大魔鬼打抱不平，如“大魔鬼真的做坏事了吗”……像这样可以灵活展开写作方向。

思考之旅并不是按照一成不变的固定路线进行的背包旅行，而是去往想去的方向、想去的地方的自由旅行者。

专栏 ④

吸引读者眼球的“命题”方法

通过作文题目也能看出孩子的“个性”。

普通的作文题目

- 圣诞老人的礼物
- 谢谢你，圣诞老人

有个性的作文题目

- 圣诞老人就是一个神仙！
- 哎——好想见到圣诞老人啊！
- 就这么定了！我要成为圣诞老人的徒弟！
- 虽然家里没有烟囱，圣诞老人还是来了！
- 圣诞老人，请你千万不要弄错礼物哦！

相比“普通的题目”，“有个性的题目”会更吸引读者的眼球。

第8章

可以轻松写作的9个“主题”

作文也可以看作一种游戏。

无聊的作文题目是无法让孩子产生写作欲望的。

反之，如果主题特别有趣，孩子就会迫不及待地想写下去。

本章主要介绍在家里完成的9个作文主题。

① 用“吹牛作文”跟“不会写”说拜拜吧

“不许说谎哦”“吹牛皮是不行的”，像这样教育孩子的家长不在少数。

说谎固然是不好的行为，但如果是写在作文里的谎话，我认为家长应多一些宽容和理解，原谅孩子。

有些孩子虽然不擅长写真人真事，但是让他们大胆地发挥想象力和幻想力去写的话，他们是非常乐意写的。

可以理解为**“吹大牛=写小说”**。

　　“喂——喂——你千万不要告诉别人啊。我昨天在路上捡到了1万日元。这钱怎么花好呢？能不能给我出个主意？”在我提这件事情的时候，我发现佑太君的目光如炬。

最终，这俩孩子到底决定怎么花了呢，是不是让读的人坐立不安了呢。

“我家住在山丘上。是一座像灰姑娘城堡一样的房子，一共有20个房间呢。”

“这是秘密，千万不能告诉任何人。前段时间我碰见了外星人。”

“我的妈妈是一个特别知名的网红。”

“前几天，有一个僵尸进了我家门，于是我就拿棒球棒把它打倒了！”

通过吹牛，可以让孩子掌握编故事的技巧。

编故事还可以达到培养孩子的创造性和逻辑性的目的。

另外，还有一部分孩子通过“吹大牛”收获了“自我主张的勇气”。

“吹大牛”作文，促成了一个出色的小作家的诞生。

② 写“愤怒的作文”发泄自己的情绪吧

“写一写让你生气的那件事情吧！”

当你给他这个提议的时候，孩子的眼睛肯定是闪闪发光的。

为什么这么说呢？因为每当孩子生气的时候，大多数的家长总是会教育孩子“再生气也得忍着”。大人偶尔也有生气、发脾气的时候，何况是一个小小的孩子。

当孩子把令人愤怒的事情如实地写在作文里时，他们是非常享受通过作文发泄的感觉的。

在这种情境下写出来的文章，除了抒发真情实感以外，文章会显得活灵活现起来。

“上次的足球赛竟然被人耍了！”

“老师也不教训那个欺负我的同学。真是太气人了！”

“是谁发明的考试，让考试从这个世界里消失吧！”

“这雨下得太让人闹心了！”

“我不想再看到讨厌的生蔬菜了！”

鼓励孩子多写出真实的感受。

“爸爸太可恶了！”这种表达方式可以吗？

当然可以。孩子用这种表达方式，意味着已经引发了他的“起爆点”。

如果你是这个孩子的爸爸，不应该在这种状况下反驳或批评孩子。

理解和接纳孩子的情绪，是父母的一个责任。

“谢谢你说出了真话”，给予孩子这样的答复才是合格的爸爸。

③ 用“变身作文”引爆想象力吧

孩子特别喜欢角色扮演。

比如说，他们想变身为英雄、公主、妈妈或爸爸、兄弟姐妹、朋友。除了变身为人类以外，他们还想变身为小狗、小猫、郁金香或者是独角仙。甚至，他们还想变身为运动鞋、帽子、文具盒、笔记本、公交车、飞机、钟表、手机、咖喱饭、饺子。

当孩子想变身为其他物种时，他们的想象力会被瞬间引爆。

　　我是新干线。我总是带着好多好多的乘客驰骋在铁轨上。

作文使用了这样的开头，展开了无限的想象空间。

　　我奔跑的样子看起来酷酷的，实际上是跑得汗流浃背的。一到晚上，我就疲惫不堪地躺在床上入睡了。

是不是形象地捕捉了新干线内心的微妙之处？

变身为吸尘器

嗡——嗡——我发出魔鬼般的怪动静，把坏东西一个接一个地吃进去。

变身为太阳

在我这里，睡懒觉是绝对不允许的。因为我每天都要准时把全世界照亮。这就是我的工作。

变身为大卡车

说不累，那是假的。我搬运的不是行李，也不是家具，而是大家的生活。一想到给大家搬运的是幸福生活，就让我的心灵充满力量。

那些变身的孩子能编出怎样的故事呢？家长是不是读得很过瘾呢。

通过把自己变身为其他的事物，可以更深入地了解他人、他物以及对自然的感受。同时，可以让孩子对某物或某事产生浓厚的兴趣。

④“巧用比喻”使作文幽默感十足

把一个人比作“某人”或“某物”，这是孩子比较擅长且能感觉到特别有趣的写法。

孩子们常常把某人比作某个动物。

　　我的妈妈就像一只猫，非常任性。她生气的时候，面红耳赤，瞬间变成“唧唧”叫的猴子。

　　我的爸爸像一只大熊猫。他的身体圆咕隆咚的，还有他懒洋洋地吃东西的样子像极了大熊猫。

把人比作动物的句子，更能突出人物的外貌和性格特点。

等熟练掌握把人比作动物的写作方法后，可以尝试比作动物以外的其他事物。

　　我的哥哥就像一个橄榄球。总是跑来跑去的，行踪无定。

文章中的“就像一个橄榄球”，突出了哥哥的性格特点，给人以鲜明深刻的印象。

通过比作“某人”或“某物”，增加了文章的趣味性。这也是“比喻类作文”值得推荐的一个亮点。

5 用“解决问题的作文”做一个智囊人物吧

孩子是充满想象力的创意者。

只要给孩子提出一个问题，他就会思考解决问题的方法。这一思考的过程会帮助孩子写出一篇好作文。

比如，可以给孩子提出这些问题：

“有两个苹果和三个橘子。把这些水果分给两个人，你认为怎么分两个人都高兴呢？”

孩子肯定会给出意想不到的好主意。

“用石头剪刀布的形式，赢的人可以先选择自己喜欢的水果，这样就不会吵架了。”

“我想把这些水果都榨成果汁，然后每人分一半。”

“一个人分一个苹果和橘子，剩下的一个橘子可以送给其他小朋友。”

无论是哪一个主意，都是非常了不起的。

所以，答案并不是独一无二的。

解决方案固然重要，而提出解决方案为止的思考过程是非常有价值的。

无论是怎样的作文题目，究竟孩子会提出怎样的解决方案是非常值得期待的。

孩子在写作文的过程中，还可以锻炼解决问题的思考能力。这就是一石二鸟的课题。

❻ 用“潜入取材作文”，当一名小记者吧

把自己视为一名小记者，走访各种地方进行深入采访吧。

“潜入学校”“潜入厨房”“潜入邮箱”“潜入爸爸的钱包”“潜入手机”“潜入书架”“潜入书包”“潜入水箱”等。是不是每一个潜入项目都让你心跳加速、激动不已呢。

让孩子从大而广的空间，潜入到小而窄的空间，就让他们自由地潜入吧。

开启大门，你可以看到大大的牛奶和沙拉酱。那个夹缝里的是不是草莓啊！

终于找到我最爱吃的草莓啦！

我实在是忍不住了。我趁妈妈不在，迅速地吞了一颗草莓。太好吃了。可是，我该怎么办呢？我是一个货真价实的小吃货，这么馋，潜入取材恐怕是完不成了。

“咦，这究竟是什么呢？”像这样，用实况直播的方式写的话，会增强文章的真实性。

平时往往被忽略的东西，通过潜入取材的方式很容易被发掘出来。

这种潜入取材写作的好处是，可以锻炼注意力和观察力。

7 用“书信类作文”表达感情吧

有的孩子觉得写作文太难了。但是让他们写一封信，他们会觉得太轻松了。

收信方不一定非是爸爸妈妈、爷爷奶奶、同学或老师。

写给“巡警”“消防员”“医生”“车站工作者”“面包达人”“工匠”“货车司机”等身边的人，或者是写给演艺界艺人、电视明星、演员、网红等名人，都是可以的。

还可以写给孩子们心目中的偶像，比如“光之美少女”“哆啦A梦”“名侦探柯南”等。

与此同时，我还建议孩子们写给非人类。

写给巧克力甜甜圈的一封信

你就像一个土星的光环，无论怎么看都那么酷。真想把你布置在我的房间里。但是，我又怕忍不住一口把你吞下去。外酥里嫩，每当巧克力的香味散发在我的口中时，别提有多幸福了。

今天为了表达我的感谢之意，特意给你写了这封信。

写给牙刷的一封信

每次都用力揉搓你，真是不好意思。请原谅我对你施加的暴力，没有把你冲洗干净。其实，我是非常感谢你的。因为凭我自己的实力是不能去除牙缝里的微小垃圾的。是你把我的牙清洗得那么亮白，这一切都是你的功劳。

不管收信者是谁（何物），孩子们都会用心且满怀感情地去写。

通过写信，他们能表达感谢之意和歉意。

给自己特别讨厌的蔬菜、讨厌的学科写一封“和解的信”，这也是很好的提议哦。

当孩子不知道该给谁写信时，“要不你写给你喜欢的假面骑士怎么样”，像这样帮助孩子找到写作的灵感。

8 用“改写作文”掀起新的写作热潮吧

世界上好多事物的颜色是固定的。下面介绍一篇题目为《重新涂改那个颜色》的作文。

卫具类的颜色为什么是“白色”的呢？

如果让你涂改卫具的颜色，你会用“什么颜色”呢？

　　厕所里的坐便器的颜色为什么是白色的呢？是不是为了看起来干净？如果是我的话，我要涂改成黑色。因为黑色的话，即使脏了也看不出来。这样的话，我们打扫学校的卫生间应该会更轻松一些吧。嘻嘻嘻。

感觉作文里隐藏着内幕，这其实也是孩子的“性格特点”。

“因为会脏（理由）→所以黑色比较好（看法）”，逻辑比较通顺。

大人们会很好奇孩子究竟因为什么原因选择了那个颜色。无论是大人还是孩子，都会喜欢这样的作文。

❾ 带着“关键词联想”到处走一走吧

“关键词联想法”是一种适用于任何作文题目的写作技巧。

假设作文的题目是《鸡蛋》，那么就围绕“鸡蛋”展开联想后，把想到的素材记录到笔记本上。让大脑活跃起来，写得越多越好。

比如，“母鸡”“早餐”“鸡蛋奶豆”“橄榄球”“婴儿”“寿司”“拓麻歌子”“太阳”“新手”“胶囊”“黄色”“鲑鱼子”。像这样，把想到的联想词都写出来，然后，从中选出“想写”的关键词。

我的姐姐喜欢吃煮鸡蛋，而我更喜欢吃荷包蛋。因为荷包蛋看起来就像一个太阳。太阳是能量的结晶。我每天早上都吃一块太阳，从太阳那里获取满满的能量。

孩子把鸡蛋比作太阳，显得作文特别有能量。

“说起○○……”“通过○○让我想起……”使用这种表达方式，可以直接关联到联想的关键词上。

就比如，“说起鸡蛋，我能想到母鸡”“鸡蛋能让我想起我上幼儿园时穿过的带鸡蛋图案的睡衣”。

　　说起鸡蛋，在我脑中浮现出来的是“塔科马”[①]汽车。“塔科马是什么东西？”大家是不是也会提出同样的问题？我爸爸是一个汽车爱好者，我经常从他那里听到这个词。据爸爸说“塔科马”是在美国非常常见的一款车。

　　有一次，爸爸给我看过这种皮卡车的照片，它是一个有棱有角的庞然大物。如果是盛夏的一个晴天，估计能在塔科马的引擎盖上煎鸡蛋了。这简直就是用“塔科马”做成的“煎鸡蛋”嘛，是不是很搞笑。

“鸡蛋”和“塔科马”两者之间只是发音相似，看似扯不上任何关系，但是孩子却能文思潮涌、笔下生辉。

对于低年级学生的写作不求完美，而要鼓励他们借助“联想”的翅膀自由翱翔。通过联想的过程，孩子的思考能力和表达能力会得到锻炼。

① 塔科马是丰田汽车公司在北美制造和销售的皮卡车。因与日语中鸡蛋的发音相似，很容易联想到塔科马上。——译者注

专栏 5

限时写作法（设定时间写作）

相比“写多长时间都没关系”，“来，我们挑战一下20分钟写一篇作文”，这种设定时间的写作方式更有利于提高孩子的专注力。

人们已经习惯了给多少时间就花多少时间。即使你给他双倍的时间去完成，也不见得工作的效率或完成度有多么出众。

所需时间虽然与作文的字数要求有关，如果是低年级的学生，我建议用15分钟的时间完成两页共800字的作文。如果规定30分钟完成，孩子的专注力会减弱，有些孩子觉得时间充裕，就拖拉写到规定的时间。

给孩子设定略感压力的时间，有利于帮助孩子开启专注力的开关。

拖拖拉拉地写30分钟，还不如利用15分钟一气呵成，用这种设定时间的方式写作文，更容易写出文笔巧妙的作文。

设定时间是发现孩子超能力的“魔法”。

第9章

通过“假如作文”在空想的世界遨游吧

“假如作文”是让孩子在想象的世界展翅高飞的“珍藏作文”。

“假如我是王子（公主）？”

“假如这个世界上没有金钱？”

“假如我能飞翔？”

“假如哪里都有一扇门？”

“假如我有一个时光机？”

“假如只能实现一个梦想？”

这个“假如”可以激发孩子的想象力。孩子们特别愿意进入充满想象和幻想的世界。

“假如”就像一个点火器。

“100万日元怎么花好呢？”开始思考这个问题时，孩子的思路会不断地被打开。

当孩子被作文的题目所困扰时，家长就用“假如作文”引导孩子探索未知的世界吧。

用“假如”的方式转移到某人身上

用“假如”的方式可以转移到某人身上哦。

孩子往往会从自身的角度出发思考问题，这是很正常的事情。

当孩子写出了自己的意见和想法的那一刻，他们会对自己说“写得够充分了”“写不下去了”，像这样给自己来一个急刹车。

这时，就要利用“转移到某人身上”的方法，向新的世界出发了。

- **假如我是妈妈**
- **假如我是这本书的作者**
- **假如我是蛋糕店的店长**
- **假如我是日本第一伟人**
- **假如我是宇宙飞行员**
- **假如我是校长**
- **假如我是动物园的饲养员**
- **假如我是迪士尼乐园的员工**
- **假如我是一个网红**
- **假如我是AKB48的成员**

利用“假如”，将自己转移到“某人的身上”，那么孩子的思维一下子会被激活。

运用想象力和幻想力，孩子们会各自写出自己的“想法”和“方案”。

“假如”作文示例

　　假如我是日本第一伟人，我就送给爷爷和奶奶一套既宽敞又安全的大房子。这是一套可以防止爷爷奶奶摔倒的房子，同时也是我和爸爸妈妈住在一起的大房子。

　　然后，如果我发现小区里有人随便丢垃圾，就让他们交罚金。因为破坏小区环境，会影响大家的心情。还有，如果我发现有人一边走路一边看手机，我就没收手机。因为这种行为很容易引起事故。

当家长读了孩子的作文后，不管内容写得如何，都要给予理解和支持。

“没收手机是不是有点过分了呢？”不需要家长做出类似这样的评判，而是要称赞孩子的出色的想象力。

利用“假如”实现愿望

另一个“假如”是用来“实现愿望”的。

每个小孩子应该都有一个“这样该多好啊”的梦想。

利用“假如”创造满足愿望的状态。

这样的话，容易调动起孩子的感情，有利于产生新的想法。

下面是利用“假如”实现愿望的作文题目示例。

- **假如妈妈不再对我大吼大叫了**
- **假如我的语文考试打了100分**
- **假如暑假一点作业都没有**
- **假如我在班级的赛跑中拿第一名**
- **假如打一整天的游戏**
- **假如我是一个小公主**
- **假如我和哥哥都有自己的房间**

愿望的背后一定会隐藏着孩子的思想和价值观。

通过"假如"实现孩子的愿望，一定会发现对于孩子来说非常珍惜的"宝物"。

当然，孩子在想象着实现自己的愿望时，他就会积极地组织语言。

"假如"作文示例

　　假如暑假一点作业都不留，我想从早到晚一直待在山里。因为我想收集昆虫。

　　每天到深山、树林里抓独角仙和锹形虫。中午在山里吃饭团。有河川的地方还可以抓到小龙虾和青蛙呢。

　　假如我能去海边，我想和爸爸一起钓鱼。潜水抓贝壳应该也特别有趣。如果我钓上来一条大鱼，我就拿回家，做刺身料理给家人品尝。

想象愿望实现的场面，不仅是大人，对于孩子来说也是非常令人激动的时刻。

实现愿望的最好方法就是"把愿望写出来"。

利用“假如作文”描绘出愿望的孩子，他的愿望也许真的会成真呢！

让孩子乘坐“假如”这个交通工具自由旅行吧

当然，“假如”也可以用于消极、负面的场景中。

请看接下来的例文。

- **假如发生大地震**
- **假如我最要好的朋友搬家了**
- **假如太阳消失了**
- **假如考试打了0分**

家长看到这种消极、负面的文章时会感到很吃惊。

但是，家长要知道，消极的想法正是体现孩子的“特质”“个性”的一鳞半爪。

对于孩子的这种表达，如果家长进行批评或责备是毫无意义的事情。

让孩子大胆地去消极的世界旅行吧。

让孩子感受从消极到积极的大转变。

本以为是消极的世界其实是积极的……万一会有这种意外性的收获呢。

在思考的旅程中没有理论可言，也没有唯一答案这一说。只有每个孩子描绘的原创之旅。

当然，在写作途中展开翅膀飞向想象和幻想的世界也是可以的。

这样的作文更可以体现出孩子的“意图”和“个性”。

“假如作文”同时也是跟单调且平凡的作文说拜拜的实用工具。

专栏 6

养成“每日写作”的习惯

设定时间写作还有助于养成写作习惯。

如果你用命令的口吻对孩子说：“每天必须写一篇日记”，孩子肯定会反感。

如果你换一种说法：“每天只利用15分钟时间，用爸爸或妈妈给出的题目写作文吧。不管是写完还是没写完，到15分钟咱们就停止写。”这样的话孩子可能会配合写作。

因为如果孩子不想写，就会“嗯——”地一边哼哼着一边耗时间。

但是，大部分孩子会觉得“不就15分钟嘛，我加油写就是了”。就这样，他们就开始奋笔疾书了。

第 10 章

使用“拟声拟态词”让全世界的人产生共鸣吧

家长都希望自己的孩子写出一篇富有语言表现力的作文。

其实，锻炼孩子的语言表现力并不难。

只要掌握好使用技巧，你会惊叹原来可以这么简单。

随着语言表现力的提高，作文水平也会突飞猛进。

无论怎样，孩子会认为写作是一件非常“愉快”的事情。

关键在于**“给文字注入影像的活力”**。

越是语言表现力强的作文，代入感和画面感越强，能给读者留下深刻的印象。

这样的作文还有助于读者深入理解作文的内容。

拟声词：表示事物发出的声音的词

咯噔咯噔、咣当咣当、咚咚、哗啦啦、啪嗒、咔吧、啪嚓、啪啦、吧唧吧唧、嘎达嘎达、咔嚓咔嚓、沙沙、咔哧咔哧、咣啷、咔嚓、叮铃铃、扑通扑通、哔哔、哒哒哒、嗖嗖、噼里啪啦

拟态词：模拟某种状态、心情、样子等没有声音的词

哆哆嗦嗦、忧心忡忡、惴惴不安、气喘吁吁、忐忑不安、笑眯眯、有气无力、抽抽搭搭、昏昏欲睡、直愣愣、东张西望、气冲冲、慢悠悠、阴沉沉、摇摇晃晃、七上八下、安安心心、栗栗危惧、喜气洋洋、兴致勃勃、安安静静

画面感强的作文往往都会巧妙地使用“拟声拟态词”。

拟声拟态词是拟声词和拟态词的统称。

拟声拟态词到底会起到怎样的巨大效果呢

请对照阅读①~②的句子。

句子①没有使用拟声拟态词，句子②使用了拟声拟态词。

① 一辆摩托车飞驰而过。

② 嗖的一声，一辆摩托车飞驰而过。

① 妈妈拉住了我的手。

② 妈妈紧紧地拉住了我的手。

① 富士山出现在我的眼前。

② 咣当一声，富士山出现在我的眼前。

❶ 因为太口渴，我就喝水了。

❷ 因为太口渴，我咕咚咕咚地喝了好多水。

❶ 我吃了乌冬面。

❷ 我把乌冬面吸溜吸溜地吸进了嘴里。

❶ 我吃了包子后，立马有力气了。

❷ 我吃了包子后，瞬间神采奕奕了。

❶ 手发麻，导致无法抓住筷子。

❷ 手滋滋地发麻，导致无法抓住筷子。

❶ 我听到了猫的叫声。

❷ 我听到了小猫在喵喵地叫。

❶ **街道太安静，感觉冷清清的。**

❷ **街道静悄悄的，感觉冷清清的。**

❶ **手指疼。**

❷ **手指刺刺地作痛。**

无论是哪一组，是不是句子❷描述的比句子❶更形象一些呢。

进一步说的话，句子❷相比句子❶更有“动态感”和“身临其境感”。

这就是所谓的“影像化叙事”。

孩子们喜欢看的漫画书中也有效运用了拟声拟态词。

如果在主人公脸部的旁边标注“惊”，再配上受到惊吓的表情，更能凸显出主人公吃惊的样子。

在决斗的画面中，运用“咣当”“嘎嘣”“咚”“砰砰”等拟声词，使故事情节更具魄力。

像这样，拟声拟态词除了起到说明文字的作用以外，更能给读者传递活灵活现、惟妙惟肖的信息。

前面说了一下漫画的例子，孩子们实际上非常喜欢使用拟声拟态词。

男生的话比较喜欢扮演英雄人物，然后作为出场词，他们经常使用“当当当”这样的拟声词。

女生的话比较喜欢饰品，她们会说：“这个宝石一闪一闪亮晶晶的，太可爱了吧？”

再比如，孩子们还特别喜欢放屁声“噗”，或者是拉臭臭时“扑哧”的动静。

孩子在日常生活中自然而然地使用着拟声拟态词，写作文时也会顺理成章地运用上。

“富士山嗖嗖嗖地出现在我的眼前”这种写法完全是可以的

“明天就是圣诞节啦，啦啦啦啦”“冷得全身哆哆嗦嗦”等，这种表达方式也很常见。

当孩子运用拟声拟态词时，家长要尽量让孩子自由发挥想象、理性认知和思考。

- **咣当一声，富士山出现在我的眼前。**

这是前面讲到的示例之一。

这种情况，并不是说“咣当”这个拟声词就是正确的。

- **富士山砰地出现在了我的眼前。**
- **富士山啪地出现在了我的眼前。**
- **富士山嗖嗖嗖地出现在了我的眼前。**
- **富士山咣当一声出现在了我的眼前。**
- **富士山慢吞吞地出现在了我的眼前。**
- **富士山嗡嗡地出现在了我的眼前。**

拟声词没有正确答案。

千万不要对孩子说“‘咣当’这个词用得不恰当吧”这种庸俗的话。

重要的是，孩子学会自己选择使用词汇了。

对于孩子来说，这就是正确的使用方法。

当孩子写出与众不同的拟声词时，家长要称赞孩子“真棒”“不错”“很酷呢”“精彩极了”。

当然，对于那些还不能熟练写作文的孩子来说，逼着他“使用拟声拟态词写一下作文”，绝对是一个很大的困扰。

假设孩子写道：“我的眼前出现了富士山”，那么家长要提出问题：“富士山是怎么出现在你眼前的呢？可以模拟富士山出现时的声音吗？”像这样自然地引导孩子继续写作。

另外，建议大家平时多和孩子玩有关拟声拟态词的游戏。

比如，吃香蕉时，“吃香蕉时的声音是‘吭哧吭哧’，你能用其他的拟声词表现出来吗”，或者是“能用声音表现出你现在的心情吗”。这样的互动游戏也是非常有趣的。

平时写作时，多运用拟声拟态词描绘“情景”“样子”“心情”“感觉”，这样的文章更加生动，有身临其境的感觉。

近代文学家宫泽贤治先生作为拟声拟态词大师而广为人知。他的著作有《要求太多的餐厅》。作品中写道：“一阵狂风呼呼地呼啸而

来，小草被风刮得沙沙作响，树叶在哗啦哗啦疯狂摇摆，树木在咣当咣当大肆咆哮。”这只是其中一个例子。

无论是哪一种，都是“贤治风格”的独特的表现方式。

他的作品之所以受到男女老少的喜爱，也许就在于其写作的独创性及对情景和情感的真实表达吧。

我相信所有的孩子也都是运用拟声拟态词的高手。

被自由想象点缀的拟声拟态词，能显著提升作文的魅力和水平。

拟声拟态词是把“讨厌写作”转变成“喜欢写作”的特效药。

专栏 7

利用“惊现兴趣”让写作“变成”习惯

除了养成“每天写作”的习惯以外，还需掌握一个方法。

这是一种向“惊现兴趣”转移注意力的方法。

“惊现兴趣”分别指的是“惊讶”“发现”“高兴”“有趣”。

比如，“我们就写今天你发现的一件事情吧”，这种引导方式会很大程度上激发孩子的写作动力。

“惊现兴趣”对于大多数孩子来说是一件非常令人兴奋的东西。

当孩子熟练到一定程度时，家长要引导孩子：“我们每天选择‘惊现兴趣’中的一个主题来写一篇作文好不好。”

孩子会把这件事情当作一个游戏开始探索“惊现兴趣”。

一旦养成了习惯，孩子就不会因每天写什么题材感到困惑。

相反，孩子会通过写作文获取快乐和希望，他们会激动不已。

帮助孩子设置获取信号的天线，对孩子的心理健康也是有很大帮助的。

第11章

避免使用“陈言老套”

“陈言老套”只能剥夺孩子的“个性”

有一种写法会剥夺孩子的写作“个性”。那就是**“陈言老套”**。

“陈言老套”是指被众多人使用而失去新鲜感的表现方式。

下面是“陈言老套”的例子。

- 很高兴。
- 很开心。
- 很酷。
- 很可爱。
- 很了不起。
- 好吃极了。
- 很感动。
- 我一定要好好努力。

并不是说这种表达方式绝对不可以。

我想说的是，这种表达方式是阻碍突出孩子“个性”的因素。

论孩子写的作文的魅力，是大人无论如何都表现不出来的，孩子独创的表现能力。

用大家都用的“陈言老套”是难以写出别具一格的作文的。

使用与千篇一律的表达方式划清界限的表达方式写出来的作文，蕴涵着这个孩子的“个性”和魅力。

- 很高兴 → 表现出高兴的样子。

- 很了不起 → 具体描述了不起的事情。
- 很烦 → 把烦的样子具体地表现出来。

像这样，将“陈言老套”换成另一种表达方式的话，会立即呈现出孩子的“个性”。

如果孩子无论如何都戒不掉“陈言老套”，家长要指出孩子经常性使用的“陈言老套”词汇，然后给孩子提出“我们试一下不用这些词写作文”的建议。

❶

　　当我打开箱子的那一瞬间，我太开心了。因为箱子里装的是我一直想要的布偶。

❷

　　当我打开箱子的那一瞬间，“哇！”的一声跳了起来，根本停不下来。因为箱子里装的是我一直想要的布偶。

使用了“我太开心了”的文章❶和没有使用“我太开心了”的文章❷，哪一个更能让你感受到开心的心情呢？

我相信你肯定也会给文章❷投一票。

【未运用修辞手法】

今天，我最喜欢的奶奶来我家玩儿。我好想快点回到家。

【运用修辞手法】

今天，我最喜欢的奶奶来我家玩儿。我哼着小曲迈着欢快的步子从学校回到了家。

【未运用修辞手法】

前段时间，我养的小鹦鹉突然死掉了。我伤心极了。

【运用修辞手法】

前段时间，我养的小鹦鹉突然死掉了。那天晚上，我没有一点饿意，食不下咽。晚饭是我最喜欢吃的蛋包饭，可是就是吃不下，真的很不可思议。

【未运用修辞手法】

被小朋友抢了玩具，那个孩子突然就生气了。

【运用修辞手法】

被小朋友抢了玩具，那个孩子的脸瞬间变成了“通红的小魔鬼的脸”。

像这样，将“开心”“伤心”“愤怒”等千篇一律的表达转换成“具体的表现”，这样的作文会更灵动、更有亮点。

或许你会觉得这是一种简单粗暴的“治疗方式”，但是，对于孩子来说“限制词汇”也是一种娱乐。

“陈言老套”消失的同时，很容易诞生优秀作文。

巧用“比喻”，弘扬个性，提高写作水平

		有	一	位	头	发	一	根	一	根	竖	起	来	的	男	士	走
了	过	去	。														

用“一根一根”这样的叠词，可使描绘的人物特征更加形象。读的人应该马上能联想到一个梳着独特发型的男士。

用**“比喻句”**可以把这句话改成更有表现力的语言。

“比喻”是指“说明某种事物时，比拟（打比方）为另一种相似的事物”的修辞手法。

将前面的例文中的一根一根竖起来的头发比喻成“其他事物”，更能提升文章的魅力。

下面是运用“比喻”修辞手法的例子。

【1】有一位头发一根一根竖起来的男士走了过去。他的头看起来就像一个大菠萝。

【2】有一位头发一根一根竖起来的男士走了过去。他的脑袋仿佛经历了一次大爆炸。

【3】有一位男士走了过去。他的一根一根竖起来的头发就像熊熊火焰。

【4】“呀，是超级赛亚人！”有一位头发一根一根竖起来的男士走了过去，我忍不住用手指指了指那个人。

【5】有一位头发一根一根竖起来的男士走了过去。他的发型看起来就像“我弟弟刚起床时的鸡窝发型”。

“大菠萝”“大爆炸”“熊熊火焰”“超级赛亚人”“鸡窝发型”——这些都是富有独创性的表现手法。

在孩子的眼里那个“一根一根竖起来的发型”看起来就像“另一种某物”。无论孩子把某物比喻成什么都没有错，因为他们想象到的事物对他们来说才是正确的（个性）。

再者，对于孩子好不容易想到的东西，家长不要做任何否定和批判。

只要回应孩子“你觉得看起来像大菠萝啊”就可以了。

用“〇〇像什么呢”的提问，引导孩子运用比喻修辞手法

如果孩子在写作中从来没有运用过比喻（打比方），那么，请家长通过提问的方式引导孩子运用比喻修辞写作文吧。

　　我们一家去自助烤肉店吃烤肉了。吃了好多好多烤肉的爸爸的肚子比平时大了一大圈儿。

假设孩子写出了这样的文章，那么家长要向孩子提问：“你看爸爸的大大的肚子像什么呢？”

“妈妈觉得爸爸的肚子就像一块儿‘鼓鼓囊囊的烧饼’（笑）”，像这样，家长要和孩子一起思考，享受写作的快乐。

那么，孩子就在快乐中思考“到底像什么呢”，会得出很多有创意的想法。

当孩子想到了幽默的表现方式时，家长要及时给予回应：“这个想法真有趣。好不容易想到的，就写到作文里吧！”

下面介绍几个运用“打比方”描写爸爸肚子的例子。

【1】吃了好多好多烤肉的爸爸的肚子比平时大了一大圈儿。那大大的肚子看起来就像棒球场地的踏板。

【2】吃了好多好多烤肉的爸爸的肚子鼓鼓的，好像有100个小矮人撑着他的大肚皮一样。

【3】吃了好多好多烤肉的爸爸的肚子里好像藏着一个足球，圆咕隆咚的。

【4】吃了好多好多烤肉的爸爸的肚子，就像高高耸立的富士山。

【5】吃了好多好多烤肉的爸爸的肚子，就像一个巨大的气球。用针刺一下会不会砰的一下爆开呢。

不仅仅是写作文的时候，如果孩子习惯了把平时看到的东西比喻成“其他某种东西”，那么孩子的观察力和想象力，甚至作文能力都会得到锻炼。

【无修辞】

衣服被汗水弄得湿淋淋的。

【打比方】

衣服被汗水弄得湿淋淋的，就像整个人跳进水池子里爬出来一样。

【无修辞】

我第一次看到了白色沙滩。漂亮极了。

【打比方】

我第一次看到了白色沙滩。仿佛撒了一层雪白的绵白糖，漂亮极了。

【无修辞】

篝火熊熊燃烧着。

【打比方】

熊熊燃烧的篝火就像生气时的妈妈的脸，燃烧得非常猛烈。

运用了**打比方的句子**更能体现出孩子的感情和性格，文章也显得更加形象生动。

指导低年级孩子写作文时，不要纠结“表现的准确性”，让孩子更多地体验到写作的“愉悦性”和“趣味性”才是重要的。

在这个阶段，如果孩子已经“喜欢上作文”，那么他的写作能力一定会有很大的进步。

“因为热爱所以擅长”，这种观点也适用于写作。

专栏 8

孩子写作的出发点是“拓展”而不是“总结”

对于低年级的孩子来说，写作文就像环球旅行。

在孩子环球旅行期间，请家长不要吹毛求疵，干扰孩子。

等到了初中和高中阶段，会要求孩子进行“总结”和“概括”的。

很多家长为孩子的将来考虑，希望孩子趁早练习“用一句话总结”。这种心情是可以理解的。

但是，为了总结、概括、用一句话回答，其前提是要拓展孩子的思维。

在低年级孩子的作文中寻求“自由”的意义也在于此。

那些大量写作文、大量思考的孩子后来都怎么样了呢？结果是，他们成功获得了“总结能力”和“概括能力”。

“自从我开始了环球旅行，真正体会到了日本的好。”类似于这种情感吧。

所以，在孩子写作方面，不要总给孩子设置条条框框限制他们的发挥。

无论他们是脱离正轨，还是飞跃高空，对于他们来说这就是值得亲身体验的思考之旅。

在低年级阶段养成拓展思维的习惯，是将来能够准确“总结”和“概括”的有效通行证。

第12章

用“五感提问”激发孩子的创新力

与“运用拟声拟态词”“运用比喻”等技巧一样，有一种方法可以激发孩子的独创性。

这个方法就是**“五感写法”**。

没错，五感就是指我们人体所具备的五种感官。

1. 视觉（用眼睛看）
2. 听觉（用耳朵听）
3. 嗅觉（用鼻子闻）
4. 味觉（用嘴和舌头品味）
5. 触觉（用手或皮肤感受）

通过用语言表现五感，更容易写出符合孩子个性的作文。

话虽如此，如果你突然让孩子用“五感法”写作文，孩子会不知所措。

首先，要告诉孩子“人类有五种感官”的常识。

其次，让孩子把五感利用起来。

下面是比较简单的关于五感写作法的提问例子。

【视觉】

看到什么了？

【听觉】

能听到什么声音呢？

【嗅觉】

闻到了什么气味？

【味觉】

什么味道的?

【触觉】

怎样的手感?

这个“五感提问”适用于任何主题、任何场景。

比如，散步、开车兜风或者是吃咖喱饭的时候都可以用这个“五感提问”。

尽管多向孩子提问题吧。

孩子肯定会给出独特的见解。

用五感表达一下吧

写作文时，要养成用“五感”体会的习惯。

假设写一篇题目为《去野山散步的故事》的作文。

利用五感将感受到的和想到的事情都记录在本子上。

这个环节同样需要家长辅助孩子提出五感问题。

下面介绍几个五感提问内容和孩子回答的例子。

【视觉】看到什么了?

- **树叶变成了红色和黄色**（宛如用水彩颜料涂了一样!）。

- 地面上落下了好多好多的树叶，看起来一闪一闪的（好像地面铺了一层金黄色的地毯！）。
- 天空中飘动着几朵像撕下来的“棉花糖”一样的云彩。
- 一到傍晚，太阳膨胀得越来越大，天空就像燃烧着的红彤彤的火球。仿佛要把整个天空烧尽一样，很壮观。
- 把地上的落叶捡起来抛向上空，叶子飘落下来的感觉就像沐浴着“金色的雪”。

【听觉】听到什么声音了？

- 我听到了鸟儿的啾啾、叽叽喳喳、咕咕的叫声。
- 唰唰唰——不知从哪里传来了河流的声音。
- 我听到了风在嗖嗖地响。
- 踩着落叶漫步时发出的清脆的声音（就像吃薯片的声音！）。
- 肚子里的虫子咕咕地叫了起来。

【嗅觉】闻到了什么气味？

- 树木的清香气味（像新的榻榻米的气味一样）。
- 土的气息。
- 花朵的香甜的芳香。

- 雨后的气味。
- 有一股纳豆的臭味……

【味觉】什么味道的？

- 相比于在学校和家里，这里的空气的味道格外清新！为什么呢？
- 不知道是不是走累的原因，饭盒里的饭团和香肠的味道好极了！

【触觉】怎样的手感呢？

- 每棵树木的触摸的感觉都不一样，真是让我吃惊呢。有粗糙的，有凹凸不平的，也有光滑的。
- 我摸了一下从树里渗出来的树浆，粘在手上黏糊糊的。
- 我用手指摸了摸落在地上的树叶，有的树叶是湿湿的，软软的；有的树叶是干燥的，脆脆的。脆脆的树叶只是轻轻地捏一下，就零零碎碎的了。
- 我把树叶集中在一起，然后一团抱起抛向了高空，树叶哗啦啦地落在了我的头上，好像为我庆祝一样。
- 虽然头上和衣服上沾满了落叶，但是我一点都没觉得不舒服。

借助五感，让孩子把自己感受到的东西尽情地写下来，这样他们会收集到越来越多的写作素材。

然后，他们会从收集到的写作素材中筛选出最有魅力的素材运用到写作中。

以视觉和听觉为主写出的作文示例

秋天的野山，仿佛用颜料涂了一样，树叶变成了红色、黄色。

遍地都是落下来的树叶，我好像在“金色地毯”上漫步一样。

我特别喜欢踩着落叶走时发出的沙沙的声音，就和我吃薯片时发出的脆脆的声音是一模一样的。

于是，这一天我走得比其他时候都用力。

到了傍晚，太阳膨胀得越来越大，天空瞬间变成了火红火红的大火球。

我一到晚上就会没精打采，我要向太阳学习，即使到了傍晚也要充满能量。

以触觉为主写出的作文示例

秋天的野山，遍地都是落下来的树叶，看到这个美景我兴奋不已。

我用手指摸了摸落在地上的树叶，有的树叶是湿湿的，软软的；有的树叶是干燥的，脆脆的。脆脆的树叶只是轻轻地捏一下，就零零碎碎的了。落下来的都非常轻，我用两只手把树叶集中在一起，拿起来又放下，不知道反复玩儿了多少次了。

我把树叶一团抱起抛向了高空，树叶

哗啦啦地落在了我的头上。仿佛在沐浴着“金色的雪花”。好像有人为我庆祝一样的感觉。

　　虽然头上和衣服上沾满了落叶，但是我一点都没觉得不舒服。

两篇例文都用了五感写法，呈现出了生动活泼且自由的感觉。

另外，因为是用自己的五感写下的亲身体会，所以不会发生“撞”作文的状况。

利用五感写出来的作文，会提高作文的原创性和魅力。

孩子的五感会变得越来越敏锐

反复练习使用五感来写作文的话，在学校生活和日常生活中也会自然而然地保持五感敏锐的习惯。不管写不写作文，都要养成使用五感向自己提出各种各样问题的习惯。

接下来介绍几种关于五感的提问例子。

【视觉】你看到什么了？是什么形状的？什么颜色？怎样的情况？怎样的状态？什么样子？发生了怎样的变化？

【听觉】听到怎样的声音了？音量如何呢？什么乐器？谁发出的怎样的声音？什么样的音乐？什么声音？（汽车、飞机、洗衣机、手机等）

【嗅觉】怎样的气味（香气）？（甜的？酸的？）刺鼻的？臭臭的？香的气味？你觉得像什么气味呢？

【味觉】什么味道的？（甜的？辣的？咸的？）好吃吗？难吃吗？口感如何呢？菜的温度如何？哪个味道和这个味道相似呢？

【触觉】什么感觉？怎样的手感？大概多重？怎样的痛感？痒吗？出汗了吗？热还是冷？

日常生活中，您的孩子的脑海中充满了这些问题会怎样呢？

这种类型的孩子的语言能力（包括写作能力）方面会有飞跃性的进步。

五感的感知器是千差万别的。感觉方面更没有唯一的正确答案。

家长要坦然接受孩子利用五感写出来的作品。

当然，当孩子有独特的表现时，家长也要做出积极的回应。

“○○，你的感官能力太强了吧！”“○○，你的五感感知器太给力了！”像这样正面鼓励孩子。

孩子知道自己的五感感知器被认可后，他们会越来越自信，会让自己的感知器再升级到更高的层次。

第 13 章

情感是以喜怒哀乐的形式表现出来的

表达情感（心情）是作文的一大魅力之一。

那么，到底什么叫“情感”呢？有的孩子会思考这样的问题。

我想告诉提出这个问题的孩子们，人类的情感活动中，有四种非常有名的感情，就是“喜怒哀乐”。

喜怒哀乐

- **喜：欢喜/高兴**
- **怒：愤怒/生气**
- **哀：悲哀/伤心**
- **乐：快乐/愉快**

家长可以问问孩子：“你是不是也有过这种感受呢？”

只要孩子能意识到自己的喜怒哀乐就可以了。

也就是说**“意识=用语言捕捉”**。

没有意识到的东西是写不出来的，相反有意识的东西是可以写出来的。

人是有感情的生物。也就是说我们每个人都是有感情的。

尤其是孩子，他们对自己的感情是很真实的。

他们高兴的时候哈哈大笑，连蹦带跳；伤心的时候号啕大哭；生气的时候会和同学大干一仗。

孩子在体会心情和坦率地表达情绪方面是个天才。

另外，孩子在逐渐长大的过程中，学会控制自己的情绪。

生气的时候，他们在对方面前不动声色，有痛苦的事情也会坚强忍耐，有时也会在意周围人的目光，把快乐的心情隐藏起来……

这是孩子将来参与社会需具备的能力，但是如果长期过度抑制自己的感情，会导致孩子无法感受到真实的感情，甚至会给孩子造成身体和心理上的疾病。

对一个人来说好好体会感情，并把情感表达出来，这原本是非常重要的事情。

做不到这一点的人，往往会忽略自己的存在感，从而变得连自己都不珍惜了。

更何况是幼小的低年级的孩子，对他们来说“品味情感”和“表达情感”这两点要比学习还重要。

为什么这么说呢？**因为感情是给自己的一个信号。**

“欢喜”和“快乐”会告诉自己渴望的东西，“愤怒”和“悲伤”会告诉自己珍贵的东西。

人是用语言掌握自己的情感的。

除了众所周知的“喜怒哀乐”以外，还有“不安”“担心”“期待”“希望”“后悔”“痛快感”“憎恶”“嫉妒”“害羞”等，有数十种、数百种的情感。

好在这些情感都是用文字表达出来的，所以我们了解它们。

从小开始，带领孩子练习写作文时，引导孩子用语言捕捉自己的情感，有利于长大后也能管理好自己的情感。

反之，如果孩子没有意识到一丝感情信号，那么这样的孩子就无法掌控自己的情感，最终会朝着本来应该前进的道路不同的方向前进。

不要嫌我啰嗦哦，我还是想再强调一下，进行“亲子访谈”的时候，一定要坦然接受孩子表达的情感（包括喜怒哀乐）。

不要摆出一副得意的审判官一样的姿态。

本来情感就不分好坏。

无论是怎样的情感，都是那个孩子所需要的。

如果家长坦然接受孩子表达出来的情感，那么他就会懂得重视自己的情感。

重视情感等同于重视自己。

懂得重视自己，其自我认同感也会随之提升。

当孩子写出自己的喜怒哀乐时，单纯地写“我很高兴”“我伤心了”“今天很开心”，这种写法是感受不到孩子的“真情实感”的。

当孩子感受到喜怒哀乐的瞬间，它们的心情、表情、态度、行为方面都会发生怎样的变化呢？

多关注一下变化的部分，和孩子共同探讨是否有更具体的表现手法。

接下来，介绍一下喜怒哀乐的具体表现，从此让作文充满活力。

哀
呜呜……
喜
耶——
乐
啦啦啦
啦啦啦
怒
火冒三丈
火冒三丈

- 喜 → 做笑脸/“哈哈哈”“嘻哈——”地忍不住大叫起来/喊万岁/蹦蹦跳跳/摆出胜利姿势/拍手鼓掌
- 怒 → 脸憋得通红/语气变粗鲁/爆粗口/手势动作变大/掐腰/一肚子火/头上冒热气
- 哀 → 失落的表情/流眼泪/胸口疼、难受/鼻子发酸/垂头丧气/浑身发抖/没有食欲/没有力气/失眠
- 乐 → 笑脸/嘴角上扬/眼睛发光/哼唱/边跳边走/开心得忘记时间/开心得忘记吃饭

第 14 章

"开头"和"结尾"给作文锦上添花

在这个世界上，没有一篇作文的“开头”是不重要的。

读完开头的读者认为“这篇文章绝对好看”，才能让读者继续认真地读下去。

反之，文章的开头一点吸引力都没有，那么读者会认为“真没意思”，不但不会引起读者的兴趣，还会让读者失去继续读的欲望。

开头的差距可不是“微小的”，而是“巨大的”。

下面是比较常见的文章“开头”的示例。

【题目：郊游】

▶ 昨天我们去○○郊游了。

【题目：妈妈】

▶ 我的妈妈特别善良。

【题目：喜欢的食物】

▶ 我喜欢吃的食物是咖喱饭。

【题目：学校】

▶ 我的学校的名称是○○。

【题目：读后感】

▶ 我读了一本叫《○○》的书。

不管你跟孩子强调多少次“开头不能太俗”“开头的重要性”，恐怕孩子们还是一知半解。

那么，如何才能让孩子感受到“开头的重要性”呢？

答案是，“让孩子们接触大量的富有个性的开头”。

当孩子感觉到“有趣”“不错”“感觉很好玩儿”的时候，他们也会想写出类似的“文章开头”。

请家长把接下来介绍的12种“作文开头方法”讲给孩子听。

如果孩子认为“原来文章开头有这么多种写法呢”“这种开头很有趣嘛”“开头也可以这么写呢”，就是迈出了成功的一大步了。

可用于作文“开头”的12种方法

① 以“自己的声音”开头

- “糟糕！”在老师打开班级门的那一瞬间我喊了起来。
- “好、好吃、太好吃了！”有生以来，我第一次吃到这么美味的咖喱饭。

② 以“他人的声音”开头

- “喂！你这个懒蛋！快起床啦！”妈妈一如既往地大声喊着叫我起床。
- “你真的很拼啊”，听到教练跟我说的这句话，我哭了。

③ 以声音开头

- 嗖——嗖——大风吹得我快崩溃了。
- 咣啷！盘子被打碎的那一瞬间，吓得我身上冒出一身冷汗。

❹ 以发表“自己的意见”开头

• 绝对不说好朋友的坏话。这是我的原则。

• 我不喜欢运动。但是，我觉得这样也挺好的。

❺ 以“疑问”开头

• “少数服从多数”就是正确的做法吗？这是我一直没想通的问题。

• 小孩子为什么要上学呢？我觉得这个问题很不可思议。

❻ 以“打比方”的形式开头

• 美猴王驾到！哎，原来是喝醉酒、满脸通红的爸爸啊！

• 看起来就像被白白的雪覆盖着的富士山。说的就是盛在我的饭碗里的大米饭。

❼ 以“重复”的形式开头

• 我吃、我吃、我大口大口地吃。今天终于吃到了久违的手卷寿司。

• 疼、疼、疼。给伤口涂抹消毒药时的那种感觉真是受够了。

❽ 以“灵感&发现”开头

• 我终于找到了避免丢三落四的方法了。

• 我终于发现背诵九九口诀的技巧了。

⑨ 以“故事”形式开头

- 这是有一次我拿着打了30分的卷子回家的故事。
- 这是我独自一人沉迷于打游戏时发生的一件事情。

⑩ 以“告白”开头

- 其实，我有一件事一直瞒着妈妈。
- 今天，我想写我真实的心情。

⑪ 以“烦恼”开头

- 我的个子一点都不高。
- 我不擅长阅读。

⑫ 以“对话”的形式开头

- “哈密瓜是不是很好吃啊？”
- “这个嘛——我不喜欢吃哈密瓜。”
- “那你喜欢吃的水果是？”
- “嗯——黄瓜！”
- 听完，大家都哈哈大笑了起来。

像这样，作文的开头有各式各样的形式。

与常见的“开头”有什么不同之处呢，家长可以带着孩子一起讨论。

或者，可以继续探索书中列出的12种以外的开头形式。

当然，刚开始的阶段可以让孩子多模仿哦。

不仅仅是写作，从模仿开始学起是习得技巧的有效途径。

“学习”也称之为“模仿”。让孩子们大胆地去模仿吧。

能把握好文章“开头”，就能驾驭整篇文章

文章“开头”不仅会吸引读者的眼球，还会给作者本身带来极大的影响。

相比“昨天我们去郊游了”，“啪嗒！当我睁开双眼时，我已经在池塘里扑腾了”，这样的开头，应该会让写作文的孩子开心起来。

这种开头充满了画面感，孩子写起来会更轻松。

以说明方式开头的文章，容易向说明性文章的风格进展。

另外，如果开头的画面感足够强，那么后面的文章会变得富有戏剧性。

写着写着，回过头一看，写出了独一无二的珍贵的作品，这种情况并不少见。

前面讲到的12种开头方法是阅读的瞬间很容易产生画面感的典型的开头形式。

对于低年级的孩子来说，“感受的描述能力”要比“说明能力”更重要。

以亲身体验为例，懂得把自己的“心情”和“想法”抒发出来的

孩子，其作文能力一定会提升得很快。

“开头”不单纯是作文的“开头部分”。

开头起到总领全文、引出下文、为下文做铺垫和衬托等作用。

古今中外有名的作家们，大部分都是“开头”的大师。

夏目漱石所著小说的开头写的是“我是猫”，作为有个性的作品流传至今。

毫不夸张地说，“擅长写开头”的人，肯定也“擅长写作”。

“结尾”要给读者留下悬念

很多孩子在写“结尾”时，和写“开头”一样，同样没有下功夫。

也可以说，孩子根本没有意识到“结尾”的重要性。

要知道作文的“结尾”不单纯是“文章的结束”。

文章的结尾关系到读者的读后感受（余韵），是作文中非常重要的一部分。

让孩子了解各种各样的“结尾”方式，让他们意识到结尾部分的重要性及魅力，这也是爸爸妈妈的职责。

接下来介绍几种“结尾”的示例。希望家长和孩子一起感受。

下面介绍的是“普通的结尾”方式。

题目：郊游

- 今天过得真是太开心了。
- 如果有机会我还会再去。

题目：老师

- 所以说，中村老师是一位非常善良的老师。
- 将来我也要当一名像中村老师一样的好老师。

题目：我喜欢吃的食物

- 以后我也要吃好多好多的拉面。
- 我的肚子已经很饱了。

题目：班级

- 所以说，我非常喜欢我的班级。
- 今后，我会继续给班级争光。

题目：读后感

- 以后我还会再读一遍。
- 我想推荐给我的好朋友。

并不是说这些结尾方式不可取。

无论是哪一个示例，孩子们都很认真地完成了结尾。

但是，不得不承认，每一个结尾都显得很平淡，缺乏趣味性。

作文的结尾部分决定着整篇文章的印象。

如果孩子的“个性”就这么被淡化了，是不是很可惜呢。

可用于作文“结尾”的22种方法

接下来给大家介绍与“普通”划清界限的“结尾”方式。

① 以“自己的呐喊声”结尾

- 最后，我要大声喊出来。
- “有什么了不起的，下次我一定要及格！”
- 这个分数虽然令我很难堪，但是我还是很想说出来。
- “有人吗？谁能来救救我！”

② 以“他人的话”结尾

- 教练拍了拍我的肩膀说道：“我看到你的努力了。”
- 小力的眼睛散发着光芒，他对我说：“你就是一个天才啊！”

③ 以“叹息”结尾

- 哎——地狱般的一天终于结束了。
- 呼——走出了校门，怎么感觉这么累啊。

④ 以“自我夸赞”结尾

- 咦，难道我真的是一个天才？
- 我要给自己奖励一朵小红花！

⑤ 以“反省”结尾

- 对不起，我再也不会撒谎了。

- 嗯，我发誓我以后一定好好打扫。

6 以“决定”结尾

- 就这么定了，明天开始早起晨练。
- 下次比赛，我一定要给队伍加分。

7 以“提问、疑问”结尾

- 我的想法是不是很奇怪?
- 老师，伤心的时候也不应该掉眼泪吗?

8 以“留下悬念”结尾

- 应该比昨天好多了吧……
- 明天的正式演出会怎么样呢……

9 以“搞笑”结尾

- 如果搬新家，我好想养一只小巧玲珑的小狗汪。
- 我现在也算是一个小爷们儿！将来我要变成胸怀宽广、有男子汉气魄的纯爷们儿!

10 以“叹息”结尾

- 酷暑期间的马拉松就不要了吧，饶了我吧。
- 读后感啊，提都不想提啊。

11 以“关键词+感叹号”结尾

- 甜点自助餐万岁!

• 久保选手棒棒的，你最棒！

⑫ 以“吐槽自己”结尾

• 注意不要犯同样错误了呦。我是老师嘛！

• 我们下次再见！我是电视主持人嘛！

⑬ 以“故事情景”结尾

• 我回头的那一瞬间，嗖的一声刮起了强风，没有人坐的秋千随风飘荡起来。

• 我向传来声音的方向望去，看见妈妈在远处向我招手。

⑭ 以“比喻句”结尾

• 从窗户外看到的高塔，像一根长长的铅笔。

• 那个景观简直就像巨大的太阳把橙色的颜料撒满了整片天空一样。

⑮ 以“谚语”结尾

• 这就叫“天上掉馅饼”吗？

• 哦，原来这就叫“天壤之别”啊。

⑯ 以“也许”“说不定”结尾

• 也许是我的错，哥哥的做法才是正确的。

• 说不定他将来会成为总理大臣。

⑰ 以“正因为”结尾

- 正因为我是班长。
- 正因为我将来要当一名医生。

⑱ 以“最终”的形式结尾

- 最终，我们的作品没有被选上。
- 最终，我的愿望还是没有实现。

⑲ 以“也就是说”结尾

- 也就是说，我们是胜者。
- 也就是说，我们是有未来的。

⑳ 以“所以说”结尾

- 所以说，我讨厌生病。
- 所以说，今后我也要坚持写日记。

㉑ 以“是的”结尾

- 是的，这就是我的真面目。
- 是的，我就是那个没能成为英雄的坏家伙。

㉒ 以“急于退场”的形式结尾

- 哎呀，妈妈回来了。作文就写到这里吧。
- 糟糕，没有地方可写了。只能这么收尾了。

文章的结尾和开头部分一样，有各种各样的结尾方式。

最后介绍的“急于退场”的结尾方式略带调皮的感觉。

但是，对于低年级的学生来说是不是觉得很新颖呢?

别说给孩子提建议了，这样的“结尾”方式太值得表扬了。

作文的“结尾”，也有像相声和单口相声的“下场”的作用。

令人不可思议的是，内容虽略显平凡，如果“结尾”做得完美、有个性、生动、吸引读者眼球的话，就是加分的结尾。

通过尝试用各种“结尾”方式，会逐渐掌握自己擅长的“结尾”手法，能够根据作文题目和作文内容选择最适合的“结尾”方式。

写出与其他同学不一样风格的原创的“结尾”，这就是孩子的宝物。

当孩子产生“这种俗套的结尾方式已经过时了”的心理时，正说明孩子的作文能力已经有了很大的提升。

第 15 章

如何提出激发孩子写作欲望的“题目”

除了我们在第8章介绍的“9个题目”以外，其实我们身边就有很多的“题目”。我们所看到的事物以及我们所经历的事情都可以作为作文题目。

当你环视房间的时候，你都看到了什么？

“电视机”“手机”“电冰箱”“吸尘器”“矿泉水瓶”“钟表”“垃圾箱”“筷子”……这些东西都可以当作作文题目呢。

到户外能看到的有“汽车”“电线杆”“地铁站”“红绿灯”“公园”“落叶”……都是作文题目的宝库呢。

另外，还有“走路”“帮助”“送达”“飞行”等动词及“眼睛”“鼻子”“嘴”“耳朵”等人的身体部位，用这些拟作文题目，也会写出有趣的作文。

这个世界上每一样东西都可以作为作文题目使用。

擅长写某种特定“题目”的作文，并不代表其作文能力很强。

从新闻到艺术、历史、文化、体育、美食、工作、兴趣、习惯，无论是怎样的“题目”，都能围绕题目展开想象，构思自己的想法和意见——这才是真正的写作能力。

下面是以“垃圾箱”为题目写的作文的开头。

“一听到垃圾箱我就兴奋不已。因为每当往垃圾箱里丢垃圾时，心情就会变得舒畅！”

“从垃圾箱里救出垃圾是我的任务。”

“‘垃圾箱’这个名字有点难听啊。叫‘感谢箱’这个名字怎么样？”

是不是觉得很有个性，是不是想继续读下去呢。

		人	类	是	否	也	会	有	被	扔	进	垃	圾	箱	的	那	一
天	呢	？															

当家长看到孩子写的这一句，是不是也感到很吃惊呢。

孩子的表现力是极其丰富的。无论给他怎样的“题目”，他们都会展开丰富的想象力。

对于他们来说，写的作文是否合乎逻辑、是否有道德、能否让老师高兴等这些问题都不重要。

“题目”只是作文的一个入口。

将题目作为起点，孩子自身感受到的、思考到的、想到的、联想到的、想拓展的事情——这一切都是有意义和价值的。

如果把作文当作“学习”来看待的话，那么孩子就会失去好奇心和精力。

必须让孩子把作文当作游戏或娱乐来看待。

让他们感受思考的快乐和表达的喜悦，我觉得比任何东西都重要。

物品相关的题目例子

- 煎锅/饭盒/书包/手机/冰箱/香皂/牛奶/零食

拟声拟态词相关的题目例子

- 咔嚓/叮咚/嚓！/滴答滴答/清清静静

人的声音相关的题目例子

- “好烦人哪！”/“好想吃啊！”/“糟糕！”/“好棒啊！”/“完蛋了！”

当听到“饭盒”这个题目的瞬间，大脑应该开始快速运作了。

这时，孩子的观察能力、分析能力、构思能力、想象能力等各种能力会一并启动。

当给出“饭盒”这个作文题目时，有的孩子可能会想到饭盒的颜色和形状，有的孩子会马上想起饭盒里装的美食，有的孩子会想到给自己做便当的人，有的孩子会回忆起和朋友一起吃饭的时光。这些素材都是没有问题的。

继续按自己想到的思路写下去就好了。

孩子们能从大人提出的“题目”中得到写作灵感。

从抽象到具体，总之让孩子尝试写各种“题目”的作文，养成好的写作习惯，那么孩子会自然而然地认为“什么题目都难不倒我”，从而增加孩子的写作自信。

如果每个孩子都有这么大的收获就好了。

这样的孩子会主动去找作文“题目”来写。

专栏 9

作文格式的10项要求

① 作文的“题目”要在稿纸的第一行居中写。两边空格要均匀，两边空格是单数时，要遵守左少右多的原则。

② 名字写在“题目”的下一行。另外，姓和名字之间要空一格。

③ 一个字符占一格。标点符号也算一个字符。

④ 标点符号不能出现在一行之首。当标点符号出现在行尾时，在最后一个空格里和文字一起写。

⑤ 作文的开头部分应空两格再写。

⑥ 每个自然段要空两格再写。

⑦ 计数与计量（包括正负整数、分数、小数、百分比、约数等）使用阿拉伯数字。

⑧ 插入对话内容时用双引号，并在句子结尾后加上句号。括号符号占一个空格。

⑨ 有两行以上的对话内容时，有“第二行之后空出一格再写的情况”和“第二行开始也顶头写的情况”。

⑩ 对话文的开头部分原则上需要换行写（也有不换行直接写对话文的情况）。

第16章

“写完后重新阅读”时的检查要点+α

写完作文以后一定要推敲。这个习惯希望家长一定要帮助孩子养成。

“推敲”是指，仔细阅读，确认是否有写得不到位及描述不当的部分，并加以修改。

即使作文的完成度仅是50%，也可以通过精益求精的推敲提高到100%。

下面是推敲时需注意的9个要点。

① 自己想写的内容是否写到作文里了？

明明有想表达的东西，但是却没有体现在文中，这样肯定会留下遗憾。所以，一定要再三确认是不是充分表达了自己的意见和心情。

② 是否有“多余”的内容？

与①相反，确认是否有“写多了”“多此一举”的内容，或者是“跑题”倾向的内容。删掉认为“多余”的部分。

③ 是否有“说明不充分”“词不达意”的部分？

是否有让读者产生（贬义）“什么情况”“到底什么意思”这样的想法的表述。

检查是否遗漏了“何时”“何地”“和谁”“做什么”“为什么”“如何做的”等基本信息。

④ 是否条理清晰?

（在与自由思考的旅行不同的维度上）确认故事情节是否有偏差，是否有拖沓的地方。通过调整和调换文章的顺序，使文章更有条理，更易于理解。

⑤ 内容是否有问题?

如果写出的文章内容明显与事实不符，那么就会影响孩子的个人信誉。另外，也要检查事物及人物的名称、地点的名称、数据上是否有错。

⑥ “主语”和“谓语”是否搭配?

如果主语和谓语不搭配，文章除了难读以外，还不容易理解文章的意思。检查是否正确使用了主语和谓语的基础上，再检查句子的现在时态和过去时态是否恰当。

⑦ 是否有错别字和注音有误?

如果写错了汉字或者拼音，就会让人觉得是一篇有瑕疵的作文。错别字的情况分为“因音同或音近而误”和“因字形相似而误”两种情况。

⑧ “连词”“介词”“副词”“助词”的使用是否正确?

连接两个句子的连词有“但是”“另外”“然而”“所以”等。连接两个词的助词和介词有“向”“往”“把”“是”“以”“也”等。如果误用了连词、助词的话会影响读者对文章的理解。

9 是否正确使用了“标点符号”？

句号的符号就是一个小圆圈（。），使用在一句话的结尾处。逗号（，）表示一句话中间的停顿和间隔。如果标点符号标得不恰当，会给读者带来阅读困扰，影响对文章的理解。尤其是逗号的使用，一定要重视易读性、易理解性。

作为加分项，建议你成为“刻薄的记者”。

我们平时看电视上播放的记者招待会现场，有的记者的提问内容是非常尖锐的，甚至让观众觉得“心眼太坏了”“太讨厌了”。这些记者为什么会这么刻薄呢？其实，他们是为了“获取更具体的内容”“引出真话”“追究前后矛盾的部分”“弄清不明朗的地方”等，都是有意图的。

这种“坏心眼儿”的行为，在推敲作文时是非常有必要的。

“这是什么意思？”“这是什么时候的事情？”“你干了一些怎样糟糕的事情呢？”——像这样把自己当作一名刻薄的记者挖苦自己，通过这样反复推敲，文章的漏洞会消失，让作文进化为富有魅力的作品。

需要注意的是，做一名“刻薄的记者”的是孩子本人。

如果是家长充当这名记者的话，孩子会认为你就是在挑毛病。

家长只要给孩子“以刻薄的记者的视角反复读一下吧”的建议就可以了。

让孩子养成重读的习惯也是提高写作能力方面不可或缺的部分。

推敲作文时，还需关注下面的3点。

① 空出一点时间再推敲

空出一点时间的目的是冷静地去重读。

② 站在读者的立场推敲

好不容易写出来的作文，如果没有打动读者，那就失去了写作的意义。能否与读者产生共鸣，读者能否理解我的写作意图，有没有不好理解的部分等，要以读者的视角重新检查。

③ 大声朗读

大声朗读有利于发现默读忽视的“韵律感差”“词不达意”“语无伦次的表达”“有错别字或注音错误”等问题。